江西通史

——民國卷第二冊

目錄

第三章 | 北伐進軍江西與國民黨政權的建立

第四章 | 土地革命與紅色政權的興起

第五章｜七年內戰與三年建設

第三章————

北伐進軍江西與國民黨
政權的建立

　　北伐戰爭開始前後，國共合作領導的國民革命，在江西逐漸走向高潮，江西歷史進入重要的轉折時期，也呈現出空前的複雜性和尖銳性。期間，既有國民革命氣勢如虹的行進，北洋軍閥政權向國民黨政權轉換的新舊政權交替，為期六十六年的九江英租界被革命政府一舉收回，有組織的民眾力量走上政治舞台；也有革命陣營內部各派力量由聯合對敵轉為分裂對立，國民黨右派與左派之間的矛盾和鬥爭，國民黨右派與中共及工農民眾之間的矛盾和鬥爭，相互交織，錯綜複雜，並在共同進行的對北洋軍閥的作戰中，日益激烈、直接地顯露出來，影響和左右著江西政局及其走向。後期出主江西政務的朱培德，在以蔣介石為首的南京政權、以汪精衛為首的武漢政權以及中國共產黨之間，依違留連，折衝分合，加劇了政局的波譎雲詭和各派力量的興替消長。國民革命失敗後，幾經反覆與周折，江西最終成為南京國民政府統治下的一個基本政區。

第一節 ▶ 北伐前江西的政治態勢

一　江西軍閥的擴軍、內亂與孫傳芳的染指

　　一九二五年一月十六日，方本仁被北京政府正式任命為江西軍務督辦。

　　方本仁掌握省政後，面臨著嚴峻的內外形勢：因其反覆，與廣東革命政府（七月一日正式成立廣東國民政府）方面形成對立；第二次直奉戰爭直系失敗後，奉系勢力大舉進入長江流域，

占據南京、上海、安徽等地，威逼江西；舊直系吳佩孚與新起的孫傳芳日漸形成兩個集團，均有爭奪江西之意。方本仁面對這一局勢，仍然將加強軍事作為其統治的中心政策。為此，他在對外極力周旋的同時，重點在江西進行整肅與擴軍。他一面整肅異己，先將蔡成勳舊部張慶昶解決，繼而派楊如軒進攻原隨蔡成勳入贛的豫軍常德盛師，常率殘部逃入安徽後被遣散，江西境內至此無豫軍。一面加強武力建設，大力擴軍，建立江西陸軍第一、二、四等三個師，升旅長唐福山、蔣鎮臣及賴世璜分任師長，連同中央第一師（兼師長鄧如琢）、中央第二師（師長楊如軒）、陸軍第一師（師長楊池生，該師與楊如軒師均為原滇軍）、第三混成旅（旅長劉寶題）、第九混成旅（旅長張鳳岐）等，一九二五年時江西境內駐有部隊多達六個師、兩個旅（尚未計入被逐走的常德盛師），「軍隊暨各機關薪餉驟增至一千二百餘萬元，而服裝給養及臨時軍費尚不在內」[1]。

在如此沉重的軍事負擔下，江西省政權的主要精力，被迫放在籌措軍餉上。三月，方本仁以省長胡思義籌款不力，貽誤戎機為名，致電北京政府大加攻訐，要求將其免職。北京政府立即遂其所願，免去胡職，任命方本仁保薦的李定魁暫代江西省長。[2]李是南豐人，為職業軍人，長期在江西軍界任職，此前因曾任贛

1　吳紡等：《整理江西財政案》（1925 年），中國第二歷史檔案館編《善後會議》，第 361 頁。
2　北洋《政府公報》，第 3226 號，1925 年 3 月 25 日。

粵邊防督辦公署參謀長、贛南鎮守使、江西全省警務處長等，與方本仁過從甚密，遂為其所用。李就任後，秉承方本仁之意，先將江西銀行改為官辦（次年與贛省銀行合併為江西地方銀行），借款一百萬元；接著又在六月一日以省長公署名義，發行地方公債八百萬元，基本上滿足了方本仁對軍費的要求。

十月，孫傳芳召集浙贛皖蘇閩五省代表會議，利用人民對奉系軍閥的不滿，組成「五省聯盟」，自任五省聯軍總司令，發動第二次江浙戰爭，起兵反奉。戰爭期間，方本仁被任命為聯軍第四路軍總司令，按照孫的意圖，通電反奉，並派出江西軍務幫辦、贛北鎮守使兼中央第一師師長鄧如琢，以贛皖聯軍前敵總指揮名義率部進入安徽作戰。鄧如琢即於二十四日發出響應孫傳芳聲討張作霖通電，表示要在孫傳芳、方本仁統領下，共匡國難，誓平元兇。對進入蘇皖的奉系作戰勝利後，孫傳芳占據南京，據有南方五省地盤，江西成為其勢力範圍之一。鄧如琢則辭就安徽督辦職務（鄧是安徽阜陽人），率部仍返駐九江。

一九二六年二月，北京政府臨時執政段祺瑞為與吳佩孚爭奪湖北，任命方本仁為湖北查辦使，令其派兵馳往湖北，與段所委任的湖北軍政長官裡應外合，逐走吳佩孚。方本仁是湖北人，早有心返鄉稱雄，遂一面調兵到贛鄂邊境，一面派密使聯絡廣東，表示願意出兵討吳。廣東方面亦派蔣作賓到南昌，督促其行動。但方的行為，遭到鄧如琢及孫傳芳、吳佩孚的聯合反對。鄧如琢對方本仁早有不滿，「朝夕不忘驅逐方本仁以攫取全贛地盤」。在方決定出兵攻鄂後，二十三日，鄧如琢以討論攻鄂為名，電邀方之心腹師長蔣鎮臣、唐福山、楊如軒等到九江，隨即誘迫其參

加廬山祕密軍事會議，達成逼方本仁「和平下台」以免江西遭受兵災的協議。孫傳芳不能容忍方的擅自作為，遂派出多艘軍艦到九江示威助鄧；吳佩孚則趁機調兵進駐武穴，防阻贛軍，形成孫、吳聯手對付方本仁之態勢。方本仁在內外夾攻下，不得不自動下台。二十四日，孫、吳任命鄧如琢為贛軍總司令。[3]四月一日，方本仁通電辭職，旋即投奔廣東革命政府，鄧如琢通電就職（北京政府並未發佈鄧的任職令，鄧僅受吳、孫之命，可見當時北京政府已失去對長江流域的控制權），十八日由九江進入南昌，掌握了江西軍政大權。

鄧如琢掌政後，「政局常在飄搖無定之中」。一方面，廣東國民政府北伐的聲勢日濃，而鄧與省長李定魁之間的「衝突日甚一日」，鄧有去李之意，李則與方本仁的舊部蔣鎮臣、賴世璜等關係密切，亦想倒鄧，鄧為防備不測而將蔣師遠調贛南、贛西佈防。另一方面，此時「江西財政更是稀糟已極」。鄧為籌集經費，既向各銀行「強捐勒借」，又設立財政整理會，主要以銀行家及富商為委員，該會因建議增開稅目和提高稅率，而被斥為鄧如琢「宰割人民之唯一的機關」[4]。鄧如琢的統治，已是風雨飄

3　參見《團南昌地委給曾延的報告──關於江西政局、援助北京市民大會情況及地委改選結果》，1926 年 3 月 30 日；《中華民國史事紀要》，1926 年 3 月 24 日；劉善慶：《方本仁》，《江西近現代人物傳稿》，第二輯，第 168-175 頁。

4　《團南昌地委報告──5 月份工作情形與江西政治經濟概況》，1926 年 6 月 10 日，中央檔案館江西省檔案館編：《江西革命歷史文件匯集》（1923-1926 年），1986 年印刷，第 520-521 頁。

搖，不可能經受得起北伐戰爭的打擊。

二　國民革命的動員

江西國共兩黨組織建立後，立即以南昌、九江、吉安、贛州等地為重點，在全省各地祕密或半公開地從事宣傳和組織活動，動員人民投入反帝反封建的國民革命。其最有聲勢和影響的活動主要有：

開展反帝反軍閥統治的愛國民主運動。主要有：一九二四年底響應孫中山召開國民會議的號召，發動國民會議江西促成會運動；一九二五年追悼孫中山逝世的盛大活動；五一國際勞動節、五四運動紀念活動；「五九」國恥日紀念（反對日本帝國主義意圖滅亡中國的「二十一條」）活動；聲援五卅運動和一九二六年的聲援三一八學生運動等。其中如聲援五卅運動，組織了「帝國主義者慘殺上海同胞江西後援會」（指五卅慘案），南昌在一九二五年六月五日舉行聲援五卅慘案大會和遊行，三萬多人在公共體育場集會，趙醒儂發表演說，會後遊行時一路高呼打倒帝國主義、取消不平等條約、抵制外貨、實行國民革命等口號，聲勢浩大。九江舉行集會遊行時，參加者除學生外，還有許多碼頭、建築、印刷、皮匠等行業工人，太古、怡和、日清三個碼頭的工人更於當日實行罷工。一九二六年北洋軍閥製造三一八慘案後，江西各界奮起鬥爭，組織了以學生為主的大規模集會、遊行和講演，散發各類傳單和標語，如吉安共青團地委組織的紀念三一八慘案市民大會，參加「人數之多為以前各種群眾運動所未有」，遊行時打倒一切軍閥與帝國主義等口號，喊得多且整齊，傳單也

既多又精彩,「市民被感動的不少」[5]。所有這些活動,成為江西反帝反軍閥的愛國運動的重要內容。

加強進行思想理論宣傳。通過組織進步團體和文化書店,推銷革命刊物和進步書籍,宣傳馬克思列寧主義、新三民主義和其他進步思想。當時的組織,主要有國、共兩黨和共青團下屬的馬克思主義研究會、中山主義研究團、江西青年學會(各地設有分會)、女青年社、讀書會等,創辦有《紅燈》等機關刊物,發行推銷《嚮導》、《中國青年》、《新青年》、《馬克思主義淺說》、《唯物史觀》、《社會主義討論集》、《新社會觀》、《新建設》、《新民國》、《上海民國日報》等書籍、報紙和雜誌。

開展工農運動,組織工會、農會等工農團體。扶助農工是國共兩黨合作推進國民革命的一項基本政策。一九二四年四月,趙醒儂領導建立了南昌鉛印工人工會和海員工會,這是江西繼安源工人俱樂部後出現的最早的工會。江西最早的農會,是一九二四年秋成立的南昌市郊揚子洲農民協會。此後,江西工農運動陸續發展,到北伐軍入贛前,全省相繼成立了十多個行業工會,組織了二十多次罷工;成立了六個縣農民協會,發展會員有六千多人。這些工會和農會,主要分佈在贛江沿岸及南潯路沿線。

在領導開展國民革命運動中,國共兩黨和共青團組織也同時有了進一步的發展。一九二六年三月,趙醒儂、方志敏等領導召

5　《羅石冰給曾延的報告——關於吉安團組織工作和援助京案市民大會情況》,1926 年 4 月 20 日。

開了中國國民黨江西省第二次代表大會，會議通過了工人運動、農民運動、婦女運動、青年及商民運動、黨務工作等決議案，進一步明確了在江西大力推進國民革命的方針。與此同時，江西的中共組織不斷加強。一九二六年一月，中共中央從上海調派江西籍黨員羅石冰回贛工作。四月，在特別支部基礎上組建中共江西地方委員會，羅石冰任書記兼宣傳部長，趙醒儂任組織部長。按照中共中央關於積極發展工農運動、迎接國民革命軍北伐的指示，六月，中共江西地委和共青團南昌地委召開黨團聯席會議，決定將黨員、團員派回其原籍各縣，廣泛建立中共、共青團和國民黨組織及民眾團體，就地組織群眾，準備配合與支援北伐戰爭。八月，中共江西地委改組，劉峻山（劉九峰）任書記，羅石冰、趙醒儂分任宣傳、組織主任。到北伐前，國共兩黨和共青團在贛江流域、南潯鐵路沿線各地，普遍建立了基層組織及其領導下的工會、農會，並祕密組建了宣傳、諜報、運輸、嚮導、慰問等隊伍，準備迎接北伐軍向江西的進軍。此外，江西國共兩黨組織還選派輸送了大批革命青年，相繼進入黃埔軍校、廣州農民運動講習所學習和留學蘇聯，造就培養了一批政治、軍事人才。

國民革命運動的發展，引起當政的北洋軍閥的恐慌，方本仁、鄧如琢相繼對革命活動尤其是領導人進行鎮壓。方本仁先後多次封閉國、共兩黨的活動場所、機關報和進步刊物（如《紅燈》、《民治日報》、《九江江聲報》等），一九二五年十二月，又以「過激黨」罪名，逮捕準備前往廣東出席國民黨第二次全國代表大會的江西代表趙醒儂、劉承休、陳灼華。一九二六年八月十日，鄧如琢在繼上月搜查、封閉國民黨江西省黨部後，再次逮

捕時任國民黨江西省黨部常務委員兼組織部長、中共江西地委組織部長的趙醒儂，並以「宣傳赤化，圖謀不軌」的罪名，於九月十六日晨將其殺害。趙醒儂「臨刑時，態度從容，並呼打倒帝國主義、打倒軍閥等口號」[6]。趙醒儂是江西青年團和國共兩黨組織的創始人，對江西革命事業的發起和推進作出了重要貢獻，在社會和黨組織兩方面都深得群眾信仰。他犧牲在北伐軍已經進入江西、北洋軍閥統治行將倒台的前夕，既是江西國民革命的一個重大損失，也更加激起人民群眾對北洋軍閥的憤恨。

第二節 ▶ 江西戰場的北伐作戰

一 江西戰場的開闢

一九二六年七月九日，廣東國民政府舉行國民革命軍總司令就職暨北伐誓師典禮，正式揭開北伐戰爭的大幕。

這次北伐，與前幾次以江西為出師主攻方向不同，採取的是先集中兵力進軍兩湖、打擊北洋軍閥吳佩孚的戰略。據此戰略，七月一日隨北伐動員令下發的集中湖南計劃及命令，以第三、第六兩軍入湘後分別集中茶陵、安仁，「監視江西方面敵人」；第

6　《贛垣槍決黨人，趙醒儂從容就義》，上海《民國日報》1926 年 9 月 20 日。

二軍向鄱縣前進，擔任威脅贛南敵軍和掩護主力進軍任務[7]。

江西境內的北洋駐軍，屬孫傳芳五省聯軍系統，此時兵力分佈為，江西總司令兼中央第一師師長鄧如琢，領兵七千，駐南昌、九江；江西陸軍第一師師長兼贛西鎮守使唐福山部五千人，駐萍鄉、宜春；江西軍務幫辦兼江西陸軍第二師師長蔣鎮臣部五千人，駐吉安；江西陸軍第四師師長賴世璜部四千人，駐瑞金、會昌；中央第六師師長兼贛粵邊防督辦楊如軒部二千餘人，駐信豐、定南等地；滇軍第一師師長兼贛南鎮守使楊池生部二千餘人，駐贛州、大余；中央陸軍第九混成旅張鳳岐部三千人，駐萬載；江西陸軍第一混成旅劉寶題部二千人，駐撫州。各部總數三萬餘人，實力不強，難以對北伐軍構成大的威脅。特別是贛軍第四師師長賴世璜在廣東北伐出師時，即派代表赴粵，與何應欽接洽，投歸革命軍，該部遂於七月二十四日被改編為國民革命軍獨立第一師（八月二十六日昇編為第十四軍，賴任軍長；九月八日熊式輝任軍黨代表），受命進攻贛州。因此，江西方向在北伐之初，沒有受到中樞的重視。

攻取長沙之後，北伐前線將領對下一步進軍方略頗有爭論。在七月二十四日召開的第四、七、八軍將領長沙軍事會議上，八軍軍長兼前敵總指揮唐生智、七軍軍長李宗仁主張同時進攻湖

7　中國第二歷史檔案館編《蔣介石年譜初稿》，檔案出版社 1992 年版，第 604 頁。該書即毛思誠撰《蔣公介石年譜初稿》秘本（經蔣介石審定修改），並以《民國十五年以前之蔣介石先生》一書參校。

北、江西，七軍第二路指揮官胡宗鐸則堅持對江西暫取監視的原議。會議通過了迅速進攻鄂、贛的主張，並作出部署，報告總司令蔣介石。八月五日，蔣介石贊同蘇聯軍事顧問加倫的建議，決以主要力量先攻武漢，對江西暫取守勢。這一意見，在十二日正式討論進軍方案的長沙軍事會議上，經過反覆討論，被確定下來[8]。十四日，蔣介石電告何應欽、賴世璜、譚道源北伐第二期作戰計劃：「先取武漢，對江西暫取攻勢防禦」，全軍分中央、左、右三路進軍，其中右翼軍由第二、三兩軍及獨立第一師組成，以三軍軍長朱培德指揮，集結於醴陵、攸縣之線，對萍鄉、蓮花之敵嚴密警戒，如敵有向我攻擊企圖，即轉取攻勢，以二、三軍主力進占萍鄉，並相機進取南昌、九江；以南雄第五師及獨立第一師，協同攻取贛州，進占吉安[9]。

這說明，江西戰場實際上尚未開闢，對江西實行監視、守勢的右翼軍，承擔的是側翼掩護主力進攻湖北的任務。

江西的平靜局面，到八月下旬因孫傳芳的援贛開始被打破。孫傳芳起初對北伐軍進攻吳佩孚，持坐山觀虎鬥之心，並不理睬吳之求援。八月中旬北伐軍向武漢方向發起激烈進攻後，他開始考慮出兵江西、趁機威脅北伐軍側後方的問題。他在持續致電或派人與蔣介石聯絡，要求罷兵言和的同時，著手部署對北伐軍用

8　楊天石：《北伐戰爭與北洋軍閥的范滅》，中華書局 1996 年版，第 29 頁。

9　《蔣介石年譜初稿》，第 643 頁。

兵：十九日，孫發出皓電，宣言「一省告急，則五省共以全力捍衛」，呼籲東南五省聯防互保，並隨之作出三項軍事部署，一是令江西鄧如琢、唐福山部向湘贛邊境進兵，威脅在湖南的北伐軍；二是令福建周蔭人部積極行動，威脅廣東和支援江西；三是在江蘇、浙江進行援贛總動員，在二十五日的南京軍事會議上，孫傳芳決定動員蘇浙皖三省十萬兵力入贛，與北伐軍直接作戰。

孫傳芳的三項部署中，對北伐軍影響最大的是援兵入贛。孫的援贛軍，以其主力謝鴻勛部為先鋒，八月二十日即已經長江向九江開進。鄭俊彥、盧香亭、周鳳岐等部相繼進入江西。三十一日，孫頒發援贛軍事計劃，以盧香亭為援贛總司令（九月一日進駐九江）；將聯軍各部統編為五個方面軍，分別以鄧如琢（轄江西唐福山、蔣鎮臣、岳思寅、楊如軒為司令的 4 個軍）、鄭俊彥（轄江蘇李彥清、彭德銓、王良田、楊賡和為司令的 4 個軍，及梁鴻恩獨立支隊）、盧香亭（轄浙、蘇劉士林、劉景義、謝鴻勛、顏景崇為司令的 4 個軍）、周蔭人（轄閩軍 4 個軍）、陳調元（轄安徽王普、劉鳳圖、畢化東為司令的 3 個軍又一個混成旅）為一至五方面軍總司令，以浙軍周鳳岐為總預備隊司令[10]。這些部隊，號稱「軍」者，實際均為原來的師或混成旅；有兩個方面軍並未入贛，即周蔭人部在福建，陳調元部主要在皖贛鄂邊境活動；在江西者，除鄧如琢部分散在贛西、贛南和贛中地區

10　參見陳立明著《北伐戰爭在江西》，載江西省黨史征委會、黨史學會編《江西黨史講義》第 113-114 頁。

外，入贛援軍主要集結於以九江和南潯路為中心的贛北地區。孫傳芳在江西的作戰意圖是，以蘇軍主力經贛北武寧、修水、銅鼓向湖南平江和湖北通城、通山進發，截斷武長路、襲擊北伐軍側後[11]。

孫傳芳趁北伐軍在鄂南、武昌鏖戰之機，「主力盡行入贛」，使江西的軍事局面疾速變化，進而根本改變了北伐軍面臨的戰爭形勢，對北伐軍構成了重大的威脅。如孫之意圖得逞，北伐軍必將陷入腹背受敵、前後夾攻的危險境地。在湖北前線的蔣介石，敏銳地感覺到「江西告急」的戰局變化和江西戰場的重大意義，遂「會精聚力，謀所以衝破重圍，轉危為安之道」[12]。北伐軍的作戰戰略開始發生重大變化。

八月二十五日，蔣介石致電李濟深、何應欽、朱培德，決定「無論敵方行動如何，我軍皆以進攻江西為唯一方針」。二十九日，蔣進一步產生了親赴江西督戰的決心，同日增調第六軍程潛部加入對贛作戰（三十一日他電告程潛，為策側背之安全計，不能不略予變更原定先鄂後贛的作戰計劃，實際上也是解釋調其入贛的原因）。三十日至九月一日，蔣經與朱培德等相商，基本形成了對贛作戰計劃：第二、三軍主力出湖南瀏陽進攻萍鄉、萬

11　國民政府軍委會檔：《蔣中正關於國民革命軍北伐作戰經過報告書》，1927 年 3 月。藏中國第二歷史檔案館。

12　《蔣介石年譜初稿》，第 669 頁。10 月 30 日，蔣介石產生另一個戰略判斷：孫傳芳把五省最好的軍隊集中在江西，如果被我們消滅了，不僅江西完全可以平定，湖南湖北可以穩固，就是江蘇浙汀福建安徽都完全可以被我們革命統一（同上書，第 772 頁）。

載、袁州（今宜春）；第六軍經湖北通城進攻修水；增調第一軍第一師歸朱培德指揮，出擊銅鼓；駐瑞金的第十四軍、駐廣東南雄的第五師、駐湖南汝陽的第四十六團會同進攻贛州。各部對贛作戰，在九月五日以前開始[13]。

九月五日，江西作戰在贛西、贛南和贛北三個方向同時打響。六日，第二、三軍攻占萍鄉，第十四軍攻占贛州。八日，第六軍在修水擊退敵謝鴻勳部，引起「南潯路北段震動」。十日，第二軍攻占宜春。至此，北伐戰爭的江西戰場正式開闢。

江西作戰之初雖然順利，但僅僅只是一個開頭，並未給敵手造成多大損失。蔣介石繼續將目光盯住江西。根據「以後戰爭重心在江西」[14]的戰略判斷，九月十日，蔣介石將正在圍攻武昌的主力部隊李宗仁第七軍，從火線上抽下增調入贛，擔任對九江地區的作戰（後又相繼增調賀耀祖獨立第二師、第一軍第二師劉峙部和第四軍入贛）。十七日，蔣自己親率第一軍第二師從武漢前線啟程，經湘東於十九日進入萍鄉，指揮江西作戰。江西戰場的開闢、北伐軍的大軍云集和總司令蔣介石的入贛指揮，表明江西戰場的態勢，已經完成了由側翼監視向作戰重心的戰略轉變。江西「成為打擊孫傳芳的關鍵性戰場，北伐軍的主攻方向也就由兩

13　《蔣介石年譜初稿》，第 667-670 頁；國民政府軍委會檔：《國民革命軍進攻武漢南昌經過概要》，1926 年 11 月。藏中國第二歷史檔案館。

14　《蔣介石致張靜江、潭延闓銑電》，載《蔣介石年譜初稿》，第 688 頁。

湖轉到了江西」[15]。

二 江西作戰的勝利

江西戰場雙方力量的對比，北伐軍依然處於下風。孫軍不僅有兵員數量上的優勢，在技術、供給和器械上，照蔣介石所說，也比北伐軍精巧、充足和精良。而北伐軍內部，還存在戰鬥力不一、力量分散、通訊不敏和初期作戰主官之間不諧[16]、戰役指揮失誤等問題。因此，北伐軍在江西戰場的作戰，具有相當大的艱難性。

從攻防態勢、戰場指揮上看，江西作戰分三期進行：

第一期，九月中旬至十月初。九月十二日，尚在湖北的蔣介石向朱培德下達「從速猛進南昌」的命令。各部在缺乏強有力的統一指揮下，從多個方向發動進攻。第二、三軍十二日進攻新喻（今新余）鄧如琢部，激戰三晝夜，先敗後勝，敵潰渡贛江退守樟樹。這是北伐軍入贛後遭遇的第一場硬仗。第二軍隨後跟進與敵隔江對峙於樟樹，第三軍則向高安進軍。

---

15 周鑾書、廖信春：《北伐戰爭中的江西戰場》，載《江西師範大學學報》，1991 年第 4 期。蔣介石在 1926 年 12 月 20 日完成的《北伐軍事報告》稿中，也指出隨著第七軍和獨立第二師的入贛，「於是戰事重心，已由鄂移於贛」。

16 如第六軍軍長程潛對隸屬於戰場總指揮朱培德「不能召受」（康奇茨著、王啟中等譯：《蘇俄在華軍事顧問團回憶錄》二，台北「國防部情報局」1976 年版第 134 頁）。楊天石《北伐戰爭與北洋軍閥的覆滅》第 58 頁也有記載。

修水第六軍和銅鼓第一軍第一師，十七日攻占奉新，擊敗敵楊鎮東部。偵知南昌守敵僅六百餘人，防守空虛，程潛遂不聽軍事顧問勸其與朱培德協調的建議，臨機改變原定進攻德安截斷南潯路的計劃，搶在朱培德之前襲擊南昌。十九日，程部十九師等在城內工人、學生和省長公署警備隊的內應下，攻占南昌，北洋省長李定魁、警備司令劉煥臣等越城牆逃去。程潛和第一軍代軍長王柏齡等相繼入城，入城北伐軍「制服不一，大半為青年兵士，間有學生，亦有少年女兵一隊，並有俄人數名」，「軍紀絕佳，對人民和藹有恩」[17]，受到全城百姓的盛大歡迎。

南昌失落，令孫傳芳大為震驚。孫傳芳遂嚴令盧香亭和鄧如琢南北合擊，孫自己亦於二十一日離寧，次日抵達九江親自指揮江西作戰。盧香亭即令剛到九江的鄭俊彥師及楊賡和獨立旅約二萬人，沿南潯路逼進南昌；鄧如琢則從樟樹、豐城抽調一點五萬兵力，向南昌反攻，並向士兵許以進城後大搶三天[18]。二十一日，北伐軍第一軍第一師和六軍第十七師進攻昌北牛行車站不遂，次日第十九師加入作戰，又逢九江援敵逼近樂化，第一師孫元良團奉命阻敵敗北，而一軍代軍長王柏齡卻在南昌妓院嫖娼，以致一軍軍中無主。程潛以寡不敵眾，二十二日晚下令撤離南

---

17 《西報追記南昌一度陷落情形》，《申報》1926 年 10 月 16 日。

18 據上海泰晤士報記者 1926 年 10 月 4 日所發南昌通訊，鄧如琢在反攻前許以三事：一、克城後發餉三個月；二、官佐升級；三、大掠南昌 3 日。見《西報追記南昌一度陷落情形》，《申報》1926 年 10 月 16 日。

昌，計劃從城南出城渡江西向，次日晨在城西南的萬舍被鄧如琢部包圍。二十四日，經苦戰得以突圍渡江至西山。程潛、王柏齡等著便裝逃出，六軍和一軍第一師兵力損失大半。南昌戰事激烈時，近在高安的朱培德按兵不前，並未出手相救，因此程潛認為這是其失敗的一個主要原因。[19]這次南昌作戰，蔣介石事後才得知曉。

鄧如琢進城後，縱兵大肆燒殺搶掠。據記者記載，鄧部自南郊而來，「沿途搶劫不輟，入城後更四出搜掠，商店居戶之被搶者，什居其七，昨日（按指十月十日）記者出門，猶見兵士紛紛以包裹郵寄回家。此次店鋪共閉六日。凡人民之曾歡迎南軍者，多被搜殺，尤以學生為多。據警署統計，被殺者不下二千人」[20]。

贛州第十四軍及第五師等，分兩路北上吉安，進攻守敵蔣鎮臣部。在第二軍一部的側應下，九月二十四日一舉攻下吉安。其後，十四軍向吉水、永豐和撫州追擊；五師歸還第二軍建制，全軍主力在第一軍二師配合下進逼樟樹，十月五日攻占樟樹，六日

19　《六軍參加江西戰爭記》，1926 年 11 月 8 日，載中央檔案館編《北伐戰爭》，中央黨校出版社 1981 年版，第 17 頁；韓梅村：《第一次國內革命戰爭片斷回憶》，李世瓊：《關於北伐前後的第六軍》，均載《江西文史資料選輯》第二輯，江西人民出版社 1980 年版。又見楊天石《北伐戰爭與北洋軍閥的覆滅》第 58-60 頁；康奇茨著：《蘇俄在華軍事顧問團回憶錄》二，第 138 頁，等。

20　此為上海泰晤士報記者 1926 年 10 月 11 日所發南昌通訊，見《西報追記南昌一度陷落情形》，《申報》1926 年 10 月 16 日。

占領豐城。殘敵分竄南昌、撫州。

由陽新入贛的第七軍軍長李宗仁，根據九江的敵情變化，臨機改變原定進軍九江的計劃，不顧蘇聯軍事顧問的反對，揮師南向，往第六軍靠攏，二十九日抵達武寧，在箬溪與擁兵二萬的敵精銳謝鴻勳部相遇。三十日發動猛攻，激戰竟日，將敵全部解決，敵旅長龍廣蔭被擊斃，軍長謝鴻勳負重傷（後在上海不治）。這是「國民革命軍入贛後一個空前的勝利」[21]，對敵軍造成重大打擊。十月三日，第七軍乘勝向敵重兵據守的南潯路戰略要地德安進攻，與敵盧香亭、顏景琮、李俊義等部在城外發生激戰，連預備隊亦已用盡，至晚殲敵千餘人，俘虜無算，攻占德安。德安作戰，第七軍死傷二千餘人，陣亡團長一員，是該軍「北伐以來，戰鬥最激烈、死傷最大的一役」[22]。其後，因敵集中重兵反攻，七軍於五日撤回箬溪。[23]

在第七軍箬溪大捷的同時，第三軍朱培德部在西山萬壽宮也打了一個大勝仗。九月三十日，挾南昌戰勝之威的敵鄭俊彥、王良田、彭德銓部一萬餘眾，向駐守萬壽宮附近招山、白仙嶺陣地的朱培德第三軍進攻。這是兩軍在江西交鋒以來，敵軍少有的一次對北伐軍的主動進攻。戰事十分激烈，但第三軍很快由抗擊轉

21　《李宗仁回憶錄》（上），廣西政協文史資料研究委員會 1980 年版，第 396 頁。

22　《李宗仁回憶錄》（上），第 396 頁。

23　國民政府軍委會檔：《國民革命軍進攻武漢南昌經過概要》，1926 年11 月。藏中國第二歷史檔案館。

為對敵的包圍出擊作戰，十月二日，大破敵軍於萬壽宮並占領之，殘敵退守牛行車站。敵江西總司令鄧如琢由於近前而坐視不援，三日被孫傳芳撤職，以鄭俊彥繼任。

這一期作戰，北伐軍缺乏戰場的統一指揮，大多為各軍指揮官在各分散的戰場的臨機獨斷，這與總司令蔣介石靠近前線較晚和通訊聯絡不敏有關（往往命令到時已時過境遷）。但戰果仍然不小，北伐軍在二十多天的作戰中，已經將江西戰場縮小到南昌、九江一線和撫州的狹窄地區，為後期的作戰打下了良好的基礎。

第二期，從十月上旬到中旬。蔣介石在九月十九日抵萍鄉後，經宜春、新余、樟樹等地，於十月二日抵達高安，就近統一指揮作戰。隨即，蔣作出敵迭遭重創、宜乘時合擊的決斷，令三軍攻牛行，六軍及一軍一師攻永修、涂家埠，七軍攻德安，二軍及一軍二師圍攻南昌，十四軍出撫州，各部於六日開始總攻擊。北伐軍由此開始入贛後的新一輪作戰。作戰的重點，是第二次進攻南昌。

三軍於八日猛攻牛行車站，從西北方向配合攻打南昌，因敵陣地堅固，相持一週而無進展。六軍等七日進占永修，隨即在柘林、白槎一帶，求與退居武寧的第七軍聯絡。第七軍自德安撤退後，在箬溪休整一星期，十一日偵知皖敵陳調元部劉鳳圖、畢化東以六個團，由瑞昌進入王家鋪，企圖圍攻箬溪，李宗仁當晚向敵發起反攻，激戰至十二日晚七時，與趕來增援的第一軍一師，將敵擊潰。全軍傷亡二千餘人，敵軍傷亡更大，繳獲極豐。蔣介石電贊第七軍「孤軍深入，屢摧強敵，贛局轉危為安，實深利

賴」。

擔任南昌攻城主力的六軍第五、六兩師和一軍第二師，九日經豐城進抵南昌城外，敵岳思寅、唐福山、張鳳岐率五六千人閉城固守。十一日晨，三個師同時發起攻城，蔣介石親抵生米街就近指揮。守敵岳思寅等為使北伐軍失去攻城屏障，賞洋二萬元，令工兵營四百餘人向城外縱火，將惠民、章江、廣潤、德勝等城門外的民房商店儘數燒燬，大火延燒兩日不滅，民房燒燬萬戶以上，滕王閣亦在大火中化為灰燼，千古名閣，又一次被毀於兵燹[24]。北伐軍組織以共產黨員、共青團員為骨幹的敢死隊，「強冒敵火，緣梯登城，死傷枕藉」[25]。敵亦一度組織敢死隊數百人出城狙襲，並在城內野蠻殺掠平民。十三日，蔣介石鑒於堅城難下，死傷慘重，接受城內紳商「泣請暫退，徐圖解決」[26]的要求，下令撤圍。此戰北伐軍陣亡團長三員，傷亡官兵數百人，是一次得不償失的攻堅敗仗。蔣介石為自己的「疏忽鹵莽」而自責，深感「罪莫大焉」[27]。當時敵方訛傳，蔣介石、李宗仁等都在作戰中傷重陣亡。

24　這次被燒燬的滕王閣為清宣統元年（1909 年）重建，這也是滕王閣建成以來第 28 次被燒燬。
25　國民政府軍委會檔：《國民革命軍進攻武漢南昌經過概要》，1926 年 11 月。藏中國第二歷史檔案館。
26　國民政府軍委會檔：《蔣中正關於國民革命軍北伐作戰經過報告書》，1927 年 3 月。藏中國第二歷史檔案館。
27　蔣介石日記類抄‧軍務》，1926 年 10 月 13 日，轉引自楊天石《北伐戰爭與北洋軍閥的覆滅》第 62 頁。

南昌撤圍後，北伐軍在贛北中止進攻，轉入休整。在贛東，則以第二軍主力轉進撫州，配合十四軍作戰。十七日，十四軍軍長賴世璜指揮發動攻打撫州作戰。二十日攻占撫州，該軍第一師師長易簡在攻城中陣亡，被國民政府追贈為陸軍中將。[28]敵蔣鎮臣、楊池生、楊如軒、陳修爵、謝文炳、劉寶題分向東鄉、進賢潰退。二十三日，二軍乘勝攻占進賢，二十五日，十四軍占領東鄉。贛東一片相繼克復，敵兩楊被北伐軍收編，蔣鎮臣逃入南昌，陳修爵等逃向浙贛邊境。江西敵軍至此被孤立在南昌、九江一線。這期間，北伐軍還多次挫敗了孫傳芳求和停戰、恢復原狀的企圖。

第三期，十月底至十一月上旬。這時，孫傳芳入贛的部隊，尚有四萬餘人，集中在九江、德安、永修等南潯路地區，據守南昌的贛軍則已不足一萬人。蔣介石為求一舉聚殲敵軍，進一步強化「東南問題，全在贛戰」的戰略指導思想，於十月中旬電調剛攻下武昌城的第四軍以及獨立第二師入贛作戰（兩部二十八日到達武寧），並與總軍事顧問加倫和白崇禧等人，商定以南潯路為重心的肅清江西計劃。二十七日，蔣介石將部隊劃分為左中右三路，並向各路各軍發出總攻擊命令，令二十九日開始運動，三十一日前到達攻擊位置，「決於十一月一日拂曉，對南潯鐵路施行

28　《中華民國國民政府公報》，第 49 號，1926 年 10 月；《賴世璜將軍遇害五十週年》，台北國史館專檔，轉引自《中華民國史事紀要》，1927 年 10 月 17 日。

總攻擊」：左翼軍，指揮官李宗仁，轄第四軍、第七軍、獨立第二師，以占領德安、涂家埠，殲滅敵軍主力為任務和目的。中央軍，指揮官程潛，轄第六軍，攻擊樂化，並北進協同左翼軍夾擊涂家埠、永修之敵。右翼軍，指揮官朱培德，該路又分兩個縱隊：左縱隊朱培德兼指揮官，轄第三軍及第二十六團，先攻蛟橋，繼攻牛行車站，然後警戒南昌並協同攻擊涂家埠之敵；右縱隊指揮官魯滌平，轄第二軍，第十四軍，第五軍一部，由謝埠市鄧家鋪之線推進南昌。總預備隊，指揮官劉峙，轄第一軍，砲兵團，航空隊，隨中央軍推進，航空隊主要轟炸牛行車站、涂家埠和吳城兵站。[29]這一次，北伐軍以殲滅敵軍為目的，將作戰重心放在牛行、涂家埠、德安等南潯路的重要地區。

十一月二日晨，總攻擊在延期一天後開始。左翼第四軍、第七軍當天擊敗守敵顏景琮第六方面軍（因上月增援德安有功而升編），下午三時占領德安。七軍隨即向涂家埠前進，在九仙嶺附近與敵發生激戰並於四日將敵擊退；四軍及獨二師向馬回嶺迎擊來援之敵上官云相旅等部，因援敵經火車大批運到，將在湖北作戰時有「鐵軍」之稱的四軍「陷在核心」，四軍幾陷絕地，「危險萬分」，經晝夜轉戰，終於三日擊敗敵軍，占領馬回嶺，官兵犧牲七百多人[30]。五日，獨二師攻占九江，並連克瑞昌、武穴、

29　《蔣介石年譜初稿》，第 762-764 頁。

30　《四軍在馬回嶺激戰記——張發奎師給副官長的報告》（1926 年 12 月 9 日發表），《北伐戰爭》第 36-39 頁。

·北伐軍部分政治工作人員在南昌的合影。前排左 2 郭沫若，左 3 朱克靖，左 4
李富春，後排左 2 李一氓，左 3 林伯渠（《中國人民解放軍 70 年圖集》）

湖口。九江守敵孟昭月、周鳳岐部退回蘇浙，陳調元部退回安
徽，在軍艦上坐鎮指揮的聯軍總司令孫傳芳從湖口退回南京。

　　中央軍十一月三日攻占蘆坑，四日晚占樂化，五日晚六軍攻
占戰略重鎮涂家埠，敵盧香亭敗走吳城，復遭中央軍劉峙部與南
下的七軍的夾擊，全軍覆滅，敵旅長劉士林等被俘，盧隻身逃
走。

　　右翼軍右縱隊十一月二日從東南兩面進抵南昌城下。左縱隊
三日攻占蛟橋，四日攻擊牛行、瀛上鄭俊彥部守敵，敵憑藉「建
築很好的歐洲式工事」[31]頑強固守，且援敵續至，戰事異常激

烈，第三軍陣地一度動搖，後在中央軍和七軍一部增援下才穩定下來。六日，牛行敵軍渡江逃向餘干方向，白崇禧率二、三、七軍各一部追擊，遭十四軍攔截，七日在滁槎將敵包圍繳械，俘一點五萬人及敵軍長李彥清、王良田、楊賡和。牛行亦被三軍占領，城外蔣鎮臣部被繳械。南昌守敵至此被困孤城。八日，守敵岳思寅、唐福山、張鳳岐因敗局已定，被迫洞開城門，「依議」率部出城，在七里鋪被三軍「悉數圍繳」，岳、唐、張皆被俘（1927 年 1 月經江西人民審判逆犯委員會審判後，此 3 人及其參謀長白家駿、煙酒局長侯全本以燒殺搶及販毒包賭等罪行，被判處死刑）。北伐軍當日進城，「紀律極嚴」[32]。

江西作戰至此勝利結束。在兩個多月的作戰中，北伐軍以少擊多，打敗孫傳芳的十萬聯軍，殲敵六萬餘人（俘虜 4 萬多人），繳槍五萬支以上。由於江西作戰的激烈程度，「為近代所罕見罕聞，視武昌殆有過之」[33]，北伐軍也遭受重大犧牲，總計死傷官兵一點五萬人，中下級軍官損失約占軍官總數的百分之七十[34]。十一月九日，蔣介石進入南昌城。十一日，南昌市民舉行

32　《南昌戰爭之經過及現狀》（11 月 8 日南昌通訊），《申報》1926 年 11 月 19 日。

33　《南昌戰爭之經過及現狀》，《申報》1926 年 11 月 19 日。又見《德安戰後之兩軍情況》，《申報》1926 年 10 月 11 日。蔣介石、李宗仁等也有類似說法。

34　《加同志報告》，載《北伐戰爭》，第 26 頁。該報告還稱團長犧牲占半數，似不確，據蔣介石 1926 年 12 月 28日 在江西戰役陣亡將士追悼會上演講，犧牲了 9 個團長、7000 余官兵。

歡迎大會，蔣介石在致詞中宣佈，江西政權已從北洋軍閥手中奪回，江西同胞從今日起，有了一個自由、光明的日子。

三 江西戰場勝利的意義

江西戰場的勝利對北伐全局具有重要的意義。江西勝利之後，「革命軍勝利的聲浪震撼全國」，蔣介石之名婦孺皆知[35]，東南、西南及至北方軍閥，望風披靡，「紛紛來請改編，或請方略，或告就職，以求生存」[36]。據總司令部參謀處的統計，到一九二七年三月，國民革命軍已從廣東出師時的八個軍，擴編為三十四個軍又七個獨立師、一個混成旅，兵員激增。特別是，江西的底定，使北伐軍不但在軍事上消滅了孫傳芳的主力，孫傳芳「以贛江之役，三戰三北」，主力喪失，遭受痛創而失去實力，只得轉而自請追隨張作霖[37]，而且在地理上控扼了長江，打通了進軍長江下游、東南地區的通道，因此成為「革命軍底定長江流域的關鍵，此後安徽得傳而定，蘇浙勢如破竹，都是南昌一役先聲有以致之」[38]。戰役的勝利對江西也具有重要意義。它結束了

35 《中央局關於全國政治情形及黨的策略的報告》（1926 年 12 月 5 日），載中央檔案館編《中共中央文件選集》，第 2 冊，中共中央黨校出版社 1983 年版，第 372 頁。

36 《蔣介石年譜初稿》，第 854 頁。

37 《孫傳芳痛陳贛江二戰敗北誓隨張作霖與北伐軍決戰電》，（1927 年 4 月 19 日），《中華民國史檔案資料彙編》第三編，軍事（二），第 796 頁。

38 《省黨部昨舉行克復南昌紀念大會》，《江西民國日報》1933 年 11 月 8 日。

北洋軍閥對江西為期十四年的統治，將國共合作的國民革命在江西推向高潮，有力地推動了全省的社會進程。

第三節 ▶ 國民黨政權的成立與民眾運動的高漲

一 國民黨江西省政權的成立

蔣介石在指揮作戰的同時，也在為組建江西省政權做準備。一九二六年九月二十一日，即他入贛後的第三天，即分別致電宋子文和朱培德，稱在省政府正式成立前，擬暫設江西省財政委員會，管理江西財政；委員會由各軍及省黨部各派一委員組成，委任總司令部軍需處長俞飛鵬為主任。該會在進入南昌後正式成立，立即接管原省財政廳事務及職員，委派了榷運、煙酒等局的新局長，並分設贛北、贛南、贛西和贛東四個辦事處，統一辦理地方和軍隊的財政事務。

繼而組建政務委員會。十月三日，蔣介石電復第二軍副黨代表李富春，告擬組織江西省政務委員會，管理全省政務；組成人員由各軍政治部選派。委員會於十一月十五日通電成立。按照經蔣介石批准的《江西政務委員會組織大綱》的規定，在省政府未正式成立前，政務會「秉承國民革命軍總司令〔之命〕辦理江西全省一切政務」，十一名委員及主任均由總司令任命。該會由陳公博任主任，姜濟寰為副主任，內設一處四科（即秘書處，總務

科、民治科、教育科、建設科）[39]。

在財政、政務兩委員會之上，還組建了作為最高權力機關的江西省政治委員會。十一月十二日，蔣介石以中常會主席名義，委任朱培德、白崇禧、程潛、李宗仁、魯滌平、李富春、朱克靖、林祖涵、熊式輝（正式成立時改為賴世璜）、張國燾、李仲公、張定璠為委員，以朱培德為代理主席，組成江西省臨時政治會議（正式成立時改稱政治委員會）。政治委員會奉中央政治會議和總司令之命，指導和決定全省政治、財政和軍事事務。該會於十二月四日通電就職。它與財政、政務委員會共同構成江西全省臨時政權機關。三委員會的相繼成立，標誌著國民黨江西省政權的建立。

政治、政務兩委員會均設於原省長公署。新政權以「打倒貪官污吏，剷除土豪劣紳，建設廉潔政府」[40]為口號，在三個月的時間裡，為建立新的社會秩序，有所作為。政治上，制定《江西各縣行政公署臨時組織法》，在各縣設縣長一人，「承政務委員會之命管理一縣行政事務」，縣署內設總務、民政、財政、建設四股，建立起了新的縣一級政權系統；組建南昌市政府，一九二七年元旦成立的市政府，由張定璠任市長[41]，分別以周貫虹、張

39　《南方要人開廬山會議》，《申報》1926 年 12 月 8 日；陳公博：《苦笑錄（1925 年至 1936 年）》，現代史料編刊社 1981 年版，第 64 頁。
40　《江西之新政》，《漢口民國日報》1927 年 1 月 19 日。
41　張定璠（1891-1945 年），字伯璇，江西南昌人。先後就讀於南昌、武漢和保定軍校。在武昌參加辛亥革命。歷任江西陸軍參謀、雲南講武堂教師、軍參謀長、師長、黃埔軍校辦公廳主任、北伐軍總司令部參

黃、戴石浮、冷沫光、程懋型任財政、教育、公安、工務、公用五局局長，在南昌歷史上第一次建立起了現代市政機關；解散省議會、省農會等舊機關團體，批准設立新的省總工會、省農會等社會團體；組織「逆犯」懲辦委員會，審判並槍決了民憤極大的張鳳岐、岳思寅、唐福山等五人（在贛北被俘的 3 個軍長中的兩人，也因孫傳芳槍殺了北伐軍的一個團長而被槍決），等等。經濟上，組織清查逆產委員會，查出逆產一千萬元，還抄沒了張天師的財產；整頓財政，平抑物價，平息了一度因舊紙幣引發的金融風波和第三軍部分軍人的鬧餉事件。但南昌城牆也被決定拆毀。文化上，擬議在南昌市以原省立法、工、農、醫四個專門學校為基礎，合組江西中山大學，一九二七年二月一日，政務會任命王恆、吳有訓等七人為委員，組成籌備委員會，籌委會秘書處也隨即設立並開始工作。該大學後因故未能設立。臨時政權這個時期的運行，與北洋軍人的統治判然不同，因而被輿論稱為「新政」[42]。

這時的南昌，據當時蘇聯顧問們的描述，是一個「商人、手工業和小官僚的寧靜的城市。該城總共不到二十萬居民，四周圍著中世紀的厚厚的城牆，在這裡沒有工廠式的工業，一所不大的

謀處處長。北伐軍占領南昌後出任南昌首任市長。不久隨北伐軍攻占上海，任第十三軍軍長、新成立的上海市市長。後曾任國民黨第四、五屆候補中央委員，中央政治委員會委員，軍事委員會第一部副部長，軍政部常務次長等。1939 年授陸軍中將。病逝後追贈為上將。

42 《江西之新政》，《漢口民國日報》1927 年 1 月 19 日。

電廠是個例外」[43]。在這個「大而古老的城市」中,也「差不多沒有歐式建築物」[44]。而戰爭對南昌以及贛西、贛中、贛北、贛東的破壞也很大,特別是「南昌遭災,比武昌厲害,城邊一帶街市咸被燒燬」[45]。因此,新政權面臨的建設任務,是相當艱巨的。

按照三個月內設立正式省政府的要求,蔣介石也在緊鑼密鼓地選擇政府人員。他不依政治委員會代主席轉任省政府主席的常例,電召時在馮玉祥處的李烈鈞返贛主政。一九二七年一月十一日,李奉命回到南昌,受到盛大歡迎。二月中旬,蔣介石在昌召集國民黨中央政治會議第五十九次會議,通過他選定的省政府成員名單:由李烈鈞、朱培德、楊賡笙、周利生、王鎮寰、程天放、周雍能、姜濟寰、徐元誥、熊式輝、張國燾十一人組成省政府,以李烈鈞為主席,楊賡笙為民政、周雍能為財政、程天放為教育、徐元誥為司法、姜濟寰為建設廳廳長。與前面的政治委員會不同,省政府委員名單中,基本上排斥了共產黨人和國民黨左派(共產黨人只剩張國燾,而張並不在江西,實屬空名;左派只有姜濟寰,朱培德態度此時尚不明朗)。二月二十日,江西省政府成立典禮在南昌舉行,國民政府主席譚延闓、總司令蔣介石發

43 〔蘇〕亞・伊・切列潘諾夫著,中國社會科學院近代史研究所翻譯室譯:《中國國民革命軍的北伐》,中國社會科學出版社,1981 年版,第 492 頁。

44 〔蘇〕C.A 達林著,侯均初等譯《中國回憶錄(1921-1927)》,中國社會科學出版社 1981 年版,第 261 頁。

45 《飛同志報告》,1926 年 11 月 21 日,載《北伐戰爭》第 31 頁。

表訓詞，各委員宣誓就職，同時向全國發表就職通電和《江西省政府成立宣言》[46]。至此，國民黨江西省政權正式成立，政治、政務、財務三個臨時委員會隨告結束。

蔣介石一面掌控著政權，一面盯住了黨權。國民黨江西省黨部在北伐軍進入江西后，由祕密轉為公開，執、監委員均為「一大」所選各人，由方志敏、鄧鶴鳴、涂振農三位常務執行委員主持全省黨務（常務執委趙醒儂於北伐軍打下南昌前夕被軍閥鄧如琢殺害）。省黨部以共產黨人為主體，在配合北伐軍作戰、動員工農群眾及恢復、發展組織等方面，富有貢獻。同時，在一些政治、財政問題上，也十分堅持原則，如「財務委員會堅持要繼續徵收鴉片捐，並且美其名曰『寓禁於征』；而省黨部則堅決主張禁絕鴉片，反對繼續徵收鴉片捐，提出可以開徵殷富捐，以彌補財政的收入」[47]。國民黨右派對省黨部十分不滿，攻擊「省黨部均為共黨操縱」[48]，而改選省黨部以掌握黨權，亦早在蔣介石的計劃內。蔣介石剛剛進入江西，即特調贛籍國民黨人段錫朋、鄭異（十一月又加調洪軌）入贛專辦黨務。段錫朋等因在江西沒有政治基礎，隨即羅致人員，在南昌和各縣組織擁蔣反共的國民黨右派政治團體 A B 團。段錫朋後來說：民國十五年底，「共黨

46　《中央政治會議決定江西省政府委員及各廳長》，《江西省政府舉行成立典禮》，分載《廣州民國日報》，1927 年 2 月 26 日；3 月 7 日。

47　王漁等：《林伯渠傳》，紅旗出版社 1986 年版，第 116 頁。

48　《孔紹堯關於江西黨務沿革的記載》；姜達階：《江西省祕密黨務紀略》，均藏台北國民黨黨史館，類 333，號 14。

把持江西黨務，操縱民運。彼以黨團運用，我則散漫無歸」，他作為中央特派員，視此焦急異常，遂向幾位到昌的中央常務委員商請辦法，「嗣得中央命，遂仿其他各地組織忠實同志之法，組織本省忠實同志，以與共產黨團奮鬥。因是遂由程天放、周利生、王鎮寰、洪軌等同志及兄弟組織 ＡＢ 團，取英文反布爾扎（什）維克之義，團結一般忠實同志，以從事於反赤工作」[49]。ＡＢ 團成員主要有（後來有分化）：段錫朋、周利生、程天放、洪軌、巫啟聖、曾華英（女）、熊育錫、王禮錫、王冠英、羅時實、賀揚靈、賀其燊、姜伯彰、王鎮寰、甘家馨、黃北雅、薛秋泉、何人豪、尹敬讓、戴源清、劉抱一等[50]。十一月下旬，蔣介石主持召開江西政治、經濟、黨務聯席會議，決定「剋期」召集黨代會，「準備省黨部之改選」[51]。一九二七年一月一至十五日，國民黨江西省第三次代表大會召開，會議由方志敏等上屆執委主持，但最後由蔣介石和中央組織部長陳果夫等「圈定」新一屆執行委員，組成了以 ＡＢ 團成員為主的新一屆省黨部[52]。在九名執委中，共產黨人僅只一人[53]。由此，蔣介石在黨務方面，也實

49　《剿赤之意義和方略——段錫朋先生在省黨部紀念週演講》，《江西民國日報》1931 年 6 月 16 日。

50　參見文耀奎《大革命時期江西人民反對國民黨右派的鬥爭》，載江西省黨史委、黨史學會編《江西黨史講義》1984 年刊印，第 186 頁。

51　《蔣總司令在贛開聯席會議》，《廣州民國日報》1926 年 12 月 13 日。

52　蔣介石圈定的執行委員為：段錫朋、周利生、劉一峰、洪軌、劉伯倫、王鎮寰、程天放、王禮錫、鄧鶴鳴，監察委員為熊育錫、姜伯彰、楊賡笙。另有三名候補執委、二名候補監委。

53　《中國共產黨為肅清軍閥勢力及團結革命勢力問題致中國國民黨書》

現了基本排除共產黨人、完全控制省黨部的目的。

　　需要指出的是，蔣介石排擠共產黨人的意圖能夠實現，也與中共中央此時的退讓政策關係極大。一九二六年十二月，中共中央曾就江西政府組織和黨的工作致信批評江西中共組織，內容為：（1）江西臨時政權中的四名中共黨員可以暫不退出，但「以後必須換人」，「決不能兼作政府委員」；（2）贛北三名中共黨員出任縣長，是「江西同志之腐敗墮落」，是「機會主義作官熱的傾向」，忘記了「我們的黨還是一個在野黨，絕不能就跑在政府中去占位置」，要求江西「必須疾速糾正」、「嚴厲取締」這種「錯誤傾向」，並立刻限期命令已任縣長者辭職，否則開除黨籍；（3）過去江西同志拚命占據國民黨的位置（省黨部 9 人中占了 8 人），這是「不討好」的事情，「是一群小孩子在鬧」，因此要準備改選，「我們至多只占農民、青年、宣傳三部」[54]。在同月召開的中央特別會議上，也作出決議，批評「江西同志尤其是任國民黨工作的同志，常表現獵取官職的傾向，江西黨部應嚴厲的糾正之」。這樣，一面是蔣介石的排斥，一面是中共的退讓，最終造成了江西黨政權力一邊倒的現實。

（1927 年 3 月 13 日），中央檔案館編《中共中央文件選集》三，中央黨校出版社 1983 年版，第 26 頁。

54　《中央局給江西地方信》（1926 年 12 月 2 日），《中共中央文件選集》二，第 344-345 頁。

二　全省民眾運動的高漲

在北伐進軍中，江西民眾運動迅速興起。各級黨部公開領導民眾運動，全省民眾遂首先成為支援北伐作戰的重要力量。

江西民眾尤其是工農群眾，給北伐軍以巨大的支持。「人民之希望與擁護革命軍，不減於湘境」[55]，他們熱情「幫助國民革命軍，到處與孫軍為難，而使孫軍到旱地來就覺得運輸糧食等困難，民眾只給國民革命軍種種便利（引路、當偵探、組輸送隊）」[56]。一九二六年十月十日戰況激烈之際，九江碼頭工人和船員還一舉將孫傳芳裝載二千餘士兵和軍用物資的「江永」號大貨輪炸燬，給孫軍以沉重打擊。北伐入贛各軍在其軍事報告中，幾乎都記錄有江西民眾大力支援作戰的情形。蔣介石也認為，「從兩廣出來，先到湖南、湖北，再到江西，沒有一處不受到人民歡迎，不得人民幫助」，是北伐軍戰無不勝、攻無不克的重要原因。[57]

北伐軍進軍和攻占江西，反過來也成為極大地促進民眾運動發展的決定性因素。此前，在軍閥壓制之下，民眾不敢有何組織。「當時有所謂四法團，如省議會、總商會、省教育會、省農

55　《林伯渠日記》（1926 年 9 月 20 日），中共中央黨校出版社 1981 年版，第 24 頁。

56　《飛同志報告》（1926 年 11 月 21 日），《北伐戰爭》第 33 頁。

57　蔣介石 1926 年 11 月 13 日在宴請九汀各將領時的講話，載《蔣介石年譜初編》第 788 頁。

會者，則不過軍閥之應聲蟲耳。」[58]南昌攻克後，它們立即被解散。在黨政當局支持下，相繼組建各類新的民眾團體，民眾運動遂勃然興起。

1. 農民運動

如前所述，農民群眾在江西最先得到較廣泛的動員組織。因此，「革命軍來，農民協會如怒潮般地發展」[59]，農民群眾對革命軍歡迎「尤甚，幫助革命軍的工作比他省更多」，較各界「其功尤大」[60]。一九二六年十一月十九日，江西省農民協會籌備處首先在南昌百花洲成立。籌備處在臨川、吉安、贛州分設贛東、贛西、贛南辦事處，迅速建立起對全省各縣農運的聯繫和領導，並積極籌建省農民協會。

江西農運得到中共中央和江西臨時政權的重視與支持。一九二六年十一月，中共中央局通過了當前集中發展湘鄂贛豫四省農民運動、舉辦湘鄂贛三省農民運動講習所的計劃。十一月二十六日，由滬赴鄂的中共中央農委書記毛澤東到達南昌，在昌幾天中相繼會見第六軍黨代表林伯渠、第二軍代軍長魯滌平和副黨代表李富春、江西省黨部和省農運負責人方志敏等，商談開辦農講所

58　民國《江西通志稿》第 32 冊，第 9-10 頁。

59　《方志敏在江西第一次全省農民代表大會上的會務總報告》（1927 年 2 月 23 日），江西省黨史委、江西農業大學編《江西黨史資料》第 27 輯（《大革命時期的江西農民運動》），中央文獻出版社 1993 年版，第 57 頁。

60　《總政治部郭沫若副主任在江西第一次全省農民代表大會上的政治報告》（1927 年 2 月 21 日），《大革命時期的江西農民運動》第 63 頁。

和選派學員、籌集經費問題。「由於林伯渠和李富春多方面做工作，二十九日江西臨時政治委員會作出決議：江西選派一百五十名學員送武昌農講所，併負擔經費一萬二千元。」[61]這件事產生了良好反響。後來，湘、鄂兩省選派學員及負擔經費，也仿照江西的辦法。江西還選派龍式農、王禮錫為江西省籌備員，參加武昌農講所籌備處的工作。「稍後，江西省政治委員會和財務委員會決定，由通志局款項下每年撥十三萬五千元作為省農協的經費。」[62]

一九二七年二月二十日至二十八日，江西省第一次全省農民代表大會在南昌舉行。這時，全省縣、區、鄉農民協會的會員，「總共不下三十萬人」，大會代表來自五十四縣農民協會。大會在方志敏等主持下進行，以團結和集中全省農友「設法子起來解除自己的痛苦」為中心，通過了《江西省農民協會章程》等三十五項議案，提出各縣農協應與縣政府、縣黨部及各民眾團體共組特別法庭審判土豪劣紳，組織農民自衛軍，工農大聯合，減輕佃租百分之二十五，取締高利貸，廢除苛捐雜稅，解放婦女，組織合作社。大會在中共中央農委書記毛澤東的支持下，挫敗了國民黨右派圈定執行委員的企圖，選舉產生了十七人組成的江西省農民協會執行委員會，執委會以方志敏、陸智西、劉一峰、王枕

第三章・北伐進軍江西與國民黨政權的建立

61　中共中央文獻研究室編：《毛澤東年譜》上卷，人民出版社、中央文獻出版社 1993 年版，第 173 頁。

62　王漁：《林伯渠傳》，第 116-117 頁。

心、丘倜為常務委員，方志敏兼秘書長。省農民協會正式成立。省農協成立後，出版《江西農民》作為機關刊物，宣傳農民運動和國民革命；先後在省、縣組建了農民自衛軍和自衛隊。全省農運有了直接的領導機關和言論陣地，呈現出更大規模的發展勢態。到一九二七年夏，七十餘縣建立了農協組織，農協會員發展到約六十萬人。

2. 工人運動

北伐軍入贛後，江西工人運動日漸高漲。一九二六年九月十日在萍鄉、十一月三日在贛州、十二月二十六日在九江、一九二七年一月一日在南昌相繼成立了總工會（吉安則早在一九二五年九月二十日成立了總工會），開展以支援北伐和保障職業、改善待遇為中心的工人運動。一九二七年一月十七日，江西省總工會籌備處在南昌成立。經過一個月的籌備，二月二十三日，在南昌召開江西全省工人第一次代表大會。這時，全省已有十七縣市成立了總工會，二十五個縣市成立了總工會籌備處，加入工會的會員人數有十餘萬人[63]。大會通過了十一項決議案，提出改良工人待遇、無故不得開除工人、女工與男工同等工作同等待遇、組織工人糾察隊、制定勞工保護法、創辦合作社和工人補習學校及子弟學校，號召全省工友「嚴密組織，加緊訓練，一方面為工人本身利益而奮鬥，一方面與農、商、學、兵一致聯合，向帝國主

63　《江西全省總工會電告籌備情形》，《漢口民國日報》1927 年 2 月 19 日。

義、軍閥反革命派決戰，完成國民革命，以達到自身的完全解放」[64]。大會選舉肖弩鋒、張國、陳贊賢、沈建華等九人為執行委員，以肖弩鋒為委員長，李筱青為副委員長，正式成立了江西省總工會[65]。會後，全省工運進一步發展，各縣籌備處紛紛轉而成立總工會，工人群眾在對國民黨右派的鬥爭中發揮了重要的骨幹和領導作用。到一九二七年七月底，全省縣一級總工會發展到六十四個，工會會員發展到二十多萬人。

在工運高潮中，江西也出現過一些過激行為。有的地方將小資本家列為鬥爭對象，打擊面過寬；有的提出普遍增加工資百分之三十，南昌洋貨店員甚至提出三級加薪（每級每月依次增加現洋 20 元、15 元、10 元），經濟要求過高；罷工頻繁，行為激烈，僅南昌一九二六年底一九二七年初「計前後罷工者，已不下十餘業，所有要求條件大抵強迫承認，甚有將業主捆綁遊街者」[66]。這種過激行為，在農運高潮中有的地方也發生過。需要指出的是，由於當時為國民黨右派所掌控的江西黨政當局對民眾運動採取既支持又壓制的政策，江西工農運動中的過激行為，相對說來並不十分嚴重，這是當時江西比較特殊的一個現象。

64 《江西全省第一次工人代表大會宣言》（1927 年 2 月 23 日），江西省黨史委、省總工會等編《黨的創立和第一次國內革命戰爭時期的江西工人運動》，1991 年印行，第 22 頁。

65 江西省總工會編《江西工人運動史》，江西人民出版社 1995 年版，第 108 頁；中共江西省委組織部等編《中國共產黨江西省組織史資料》，第一卷，中共黨史出版社 1999 年版，第 56 頁。

66 《江西工人運動史》，第 101-102 頁。

3.其他民眾運動

一九二六年三月，國民黨江西省黨部內增設商民部，負責組織、聯絡商民工作。北伐占領南昌後，省臨時政委會立即頒佈《商民協會章程》，規定商民協會是參加國民革命的商民的組織，凡買辦、牧師、劣紳、貪官污吏及外國籍者不得加入。繼萍鄉之後，各縣相繼成立了商民協會（不少由當地黨部商民部長負責）組織。景德鎮、豐城、南昌等地將原商會改稱為商民協會，但也有不少地方未改，仍稱商會。江西全省商民協會亦在南昌成立。各地商民協會多以籌款方式支持北伐軍。但也有的協會為在與工人的談判、鬥爭中維護商民的利益，而出款賄賂軍政當局人員（如贛州）。

婦女運動十分活躍。一九二六年十一月間，國民黨中央黨部婦女部的蔡暢、鄧穎超、劉清揚等人，從廣東來到南昌指導婦運。她們在省第一女子師範學校內開辦婦女短期訓練班，培訓婦運幹部，籌建婦女組織。十二月三日，南昌婦女解放協會召開成立大會，選舉李桂生、周治中、程孝福、曾華英等九人為執行委員，肖國華、賀服丹等五人為候補委員，李桂生（一九二七年五月擔任省黨部婦女部部長）任主任委員，周治中、曾華英任副主任委員。該會在江西省婦女解放協會未成立前（一九二六年十一月成立了籌委會，但後來一直未正式成立），代行其職權。在此前後，全省各地相繼成立婦女解放協會、女界聯合會等有五十七個。協會的主要任務是動員婦女群眾投身反帝反封建鬥爭，爭取

男女平權和婚姻自由，還發動婦女剪髮、放足、保護女嬰。[67]

在以鄒努為主席的江西全省學生總會（一九二六年五月在南昌成立）的主持下，江西青年運動的開展，也極為熱烈。南昌、九江、贛州等一些市縣也成立了學生聯合會的組織。青年學生革命熱情高漲，許多人還投筆從戎，紛紛加入北伐軍。

三 九江英租界的收回

北伐進軍和民眾運動興起的一個重要成果，是促進了江西人民反帝鬥爭的高漲，一舉收回了九江英租界。

北伐軍占領九江後，由獨立第二師擔任九江警備任務。師長賀耀祖為避免引發外交糾紛，派出憲兵在九江英租界四週日夜梭巡。與此同時，英人也加強了租界的警戒。

一九二六年十一月二十七日，九江英商太古、怡和和日商日清三大公司的碼頭工人，向英、日公司提出承認工會有代表工人權利、不得隨意開除工人、增加工資等九項要求，遭到拒絕後當天舉行聯合大罷工。其後，國民黨九江市黨部、市總工會、獨立二師政治部及江西省財政委員會委員周雍能等，邀請工人與公司雙方代表舉行了多次談判。期間，日清公司於一九二七年一月三日同意了工人們的要求，兩個英商公司則仍堅持一概拒絕，該兩碼頭工人的罷工也就仍然持續，大量物資因無人搬運，在碼頭堆積如山。工人們還組織糾察隊，每天在碼頭及沿江地區巡邏，以

維護秩序並防止有人破壞。[68]

一九二七年一月三日，漢口英租界發生英兵殺傷碼頭工人的「一三慘案」，五日，漢口英租界被武漢人民占領。消息傳到九江，在全城人民中產生激烈反應。六日，在中共組織發動下，數萬九江民眾上街舉行反英示威遊行。下午三時，工人糾察隊員吳宜山等發現有英人雇使華工搬運行李和大米上船，上前阻止。英人遂招水兵上岸，毆打糾察隊員，至吳宜山「當即昏去，受傷甚重」，造成九江「一六慘案」。在場民眾紛紛怒斥英人，英人當即關閉租界鐵門，架起機槍，江中英艦脫去炮衣，並對市區施放兩炮（未裝實彈）。英人的行為引發民眾的更大憤怒，租界內的碼頭工人遂首先拔除鐵絲網，撞開租界大門，租界外的民眾趁勢擁入，一舉占領了九江英租界。租界內的英人及上岸水兵均退上英艦。由於當時民眾革命積極性高漲，而英國方面也缺乏思想和軍事上的準備，因此未發生武裝衝突。

事件發生時，國民政府財政部長宋子文適在九江，應英領事請求，宋出面演說勸解民眾，並命賀耀祖派兵「平息騷動」，向英人許諾將採取一切必要措施，確保民眾與英方不發生「直接衝突」[69]。其後，駐軍當局亦應英領事要求，派兵入駐租界。九江

68 陳榮華、何友良：《九江通商口岸史略》，江西教育出版社 1986 年版，第 186 頁。關於收回九江英租界的資料，詳見湖北省社科院歷史所編《漢口九江收回英租界資料選編》，湖北人民出版社 1982 年版；江西省黨史委編《江西黨史資料》第 12 輯《收回九江英租界專輯》，1989 年印行。

69 詳見宋子文在武漢報告潯案發生情形，載蔣永敬《鮑羅廷與武漢政

軍民均要求武漢國民政府與英方交涉，收回租界。一月十日，國民政府外交部委派趙畸、周雍能組織九江英租界臨時管理委員會，周任委員長，在軍隊配合下，管理租界內的一切行政事務。郭沫若、林伯渠、賀耀祖等均到租界內視察，指示機宜。全省和全國許多地方的民眾，以及部分海外僑胞對九江人民的鬥爭，給予了熱烈的支持。江西省各民眾團體共同組織了南昌市民反英大同盟援助漢潯案件委員會和反英市民大會等活動。

武漢國民政府與英國雙方代表，於一月十二日開始就漢、潯租界問題在武漢舉行談判。由於英國政府經過反覆考慮，決定不採取武裝奪回租界的強硬行動，交出漢口、九江英租界的行政權和治安權，繼十九日簽訂「漢案協定」後，二十日，「潯案協定」也在漢口簽字。「潯案協定」規定，「由英國政府將九江英工部局章程，悉行取消。並自三月十五日起，將九江租界區域行政事宜，無條件移交國民政府」。國民政府同意給予銀元四萬元，以清償在收回租界行動中英國人所受的損失。[70]根據這一協定，一九二七年三月十五日，九江英租界由國民政府正式收回管理。同年七月，盧山牯嶺租借地的行政管理權，也由國民政府正式收回。漢口、九江英租界和盧山租借地的收回，是近代以來中國人民反對帝國主義鬥爭的重大勝利。

權》，第 103 頁。

70　《外交部公佈收回九江英租界內容》，《漢口民國日報》1927 年 3 月 5 日。《收回九江英租界之協定》全文，見王鐵崖編《中外舊約章彙編》第三冊，第 608-609 頁。

第四節 ▶ 寧漢對立下的江西政局

一 遷都之爭、贛州慘案與搗毀昌潯市黨部事件

一九二七年元旦剛過，據有江西的蔣介石，在南昌引發了震驚一時的「遷都之爭」。

從廣東遷都武漢的主張原本出自蔣介石，經多方考慮被廣東國民政府所接受。一九二六年十一月十六日，鮑羅廷、徐謙、宋子文、陳友仁、宋慶齡等受命北上籌備遷都，自廣州經江西赴武漢。十二月二日，鮑羅廷一行由贛江抵達南昌，六至七日與蔣介石在盧山舉行談話會，「均認革命勢力之集中及遷鄂為必要」[71]。鮑等十日到達武昌。十三日，成立由在漢的國民黨中央執行委員和國民政府委員組成的臨時聯席會議，聯席會議推徐謙為主席，成員主要為國民黨左派，在廣州中央黨部和國民政府已於十二月五日宣佈停止辦公的情況下，執行中央最高職權。

但蔣介石很快便改變了遷都武漢及對武漢聯席會議的態度。十二月三十一日，中央黨部和國民政府第一批北遷武漢的人員張靜江、譚延闓、何香凝、顧孟餘、丁惟汾等到達南昌。蔣介石將他們留下，並於一九二七年一月三日召集他們及鄧演達、宋子文、林伯渠、朱培德、陳公博等人，在南昌舉行中央政治會議第六次臨時會議，改變原定遷都武漢的決定，決議中央黨部和國民

71　《陳友仁等為不宜變更中執會遷鄂決定致蔣介石等密電》，1927 年 1 月 7 日。

政府暫駐南昌；一月七日，又舉行中央政治會議第七次臨時會議，除維持三日決議外，決定派徐謙等十三人組成政治會議武漢分會，從而在實際上相繼否決了遷都武漢以及武漢聯席會議的最高政治地位。

武漢方面在力圖維持與蔣介石關係的同時，明確反對蔣介石等「暫都南昌」的意見。雙方形成爭執和對立，文電、人員往來不斷。一月十二至十八日，蔣介石到武漢出席會議，要求武漢的中央委員和國府委員遷贛，但同時也受到鮑羅廷、國民黨左派及社會各界呼籲遷都武漢的強大壓力。在各方壓力、軍費告急及宋子文、「鄧演達、陳銘樞等至南昌積極活動」[72]等多重因素下，二月八日，蔣在南昌召開中央政治會議第五十八次會議，「決議中央黨部與國民政府遷至武漢」。雖然會後並未立即行動，南昌各界於二十日召開歡送黨部、政府遷鄂大會後，也遲遲無人啟程，但遷都之爭以武漢國民黨左派的勝利而告結束。[73]

遷都之爭是蔣介石在北伐新占贛閩和指向浙滬的新形勢下，企求以其所在的南昌為中心，控制國民黨中央權力和壓制國民黨左派與共產黨人的重大行動，也是其不滿國民黨左派尤其是反共態度的又一次爆發。因此，遷都問題雖告解決，但蔣介石與國民黨左派和共產黨的鬥爭卻進一步尖銳化。二月底三月初，他便在

72　《中央政治會議第五十八次會議記錄》，《中華民國史事紀要》1927年2月8日。

73　詳見《中華民國史檔案資料彙編》第四輯（上），第373-377頁」遷都之爭」《北伐戰爭與北洋軍閥的覆滅》，第133-143頁。

南昌公開其反共態度，聲言「要制裁左派」，「制裁共產黨」。江西省黨部、省政府等則「密切配合」，於是迅速在江西製造一系列流血慘案和反共事件。這一系列事件，成為蔣介石發動四一二政變的前奏。

1. 贛州慘案

贛州是大革命時期工人運動極有聲勢的一個地區。贛州工人運動的領導者，是一九二六年八九月間回到贛州的中華全國總工會特派員陳贊賢和隨軍北伐留置贛州工作的總政治部宣傳員肖韶、鐘友千。在他們組織下，「各業工人，都紛紛組織工會，前後成立的有二十九個工會……全體人數在一萬左右」[74]。十一月，召開贛州工人第一次代表大會，成立贛州總工會，陳贊賢當選為委員長，肖、鐘為副委員長。此後，贛州工人運動的組織程度更高，要求保障職業、增加工資、改善待遇的鬥爭也更為高漲（其中亦有過激的行為），還成立了二百多人組成的工人糾察隊，「皆穿軍衣，持長矛……整齊嚴肅，令人望而起敬」。贛州工人運動的形勢，給路過這裡的共產國際官員很大的感染，認為這裡「是另一個真正革命的中國」[75]。

工人運動的高漲和罷工鬥爭的頻頻發生，也引起掌握贛州

74　朱由鏗：《贛南各縣黨務及民眾運動總報告》（1927 年 1 月 6 日在國民黨江西全省「三大」上的報告），《黨的創立和第一次國內革命戰爭時期江西工人運動》，第 211-212 頁。

75　[蘇] C.A 達林著，俟均初等譯《中國回憶錄 1921-1927》，中國社會科學出版社 1981 年版，第 250 頁。

黨、政權力的國民黨右派的不滿。一個偶然發生的事件，成為他們藉機發作的導火線。十二月三十日，幾個洋貨布業店員欲入第二女子師範學校看演新戲，遭到拒絕，其中「一二無識工友」遂憤而在牆上塗寫「男女不平等便是反革命」及男在上、女在下等污辱婦女的字畫。二女師校長、國家主義派分子歐陽魁等即請縣黨部召集各級黨部和各公團緊急會議，決議解散工會、工人不得加入國民黨及開除塗寫字畫的工人。次日再開會議，討論解散工會之事，還扣留了總工會出席人肖韶、鐘友千。這些做法激起工人憤怒，一千多工人於是包圍縣署，有人還毆打了縣黨部籌備會主席兼贛縣臨時政務委員會主席陳鐵和歐陽魁[76]，隨即在軍隊彈壓下平息。其後，工會方面將一個塗寫字畫的店員關禁（被關了一個多月），但得不到諒解，右派們以臨時政務會、縣黨部籌備處及一些團體名義，相繼致電蔣介石，指責工人罷工搗亂，擾亂秩序，破壞黨務，毆辱黨員，摧殘女界，要求「嚴懲」陳贊賢等工會領導人[77]。一個原本很小的事情，被國民黨右派逐步擴大升級為政治事件。

---

76 台北黨史會藏漢口檔：《贛州婦女解放協會執行委員會主任戴源清呈文》，《中華民國史事紀要》，1927年1月2日。工會方面的說法為，開會時，各界旁觀者約有千人之譜，商人工人學界婦女小孩無所不有。因主持者不准工人辯白，引起責問和喧囂，歐陽魁等所謂陳贊賢糾集工友千餘人包圍會場，毆打黨員，是無中生有的捏造（趙幼依《贛州總工會橫遭摧殘的情形》，1927年2月15日）。

77 《蔣介石收各方電稿摘由》，轉引自楊天石著《北伐戰爭與北洋軍閥的覆滅》，第358頁。

以駐贛州的新編第一師黨代表、原黃埔軍校孫文主義學會分子倪弼為核心的國民黨右派，決意以武力鎮壓工人運動。一九二七年一月二十六日，由臨時政務會出面召集各團體負責人會議，倪弼計劃在會議召開時捆押陳贊賢，陳偵悉其意即化裝成伙伕於二十七日晨潛往南昌。倪等隨即一面呈文中央黨部、國民政府「拿辦」陳贊賢，組織審判委員會「訊明議處」[78]；一面派兵搜查總工會，通緝陳贊賢、肖韶、鐘友千，並截查總工會往來文電[79]。但倪的行為也遭到了新編第一師中進步人士和共產黨人的反對，有二百三十人聯名致電總司令部，要求將倪撤差嚴辦。二十九日晚，倪與師長張與仁召開軍官會議解釋，結果兩人在會上均被打了，倪即逃往南昌向蔣介石求援。[80]

在南昌，倪弼得到了蔣介石的支持，而陳贊賢的求見則被蔣拒絕。隨後，倪弼回到贛州，右派把持的省黨部也派特派員賀其燊到贛州。賀一到贛州，即命令陳贊賢停職，並要求「新編第一師部及贛縣縣長，拘陳到案」。這時，陳贊賢也不顧個人安危，在全省工會一大尚未結束時，回到贛州。在三月一日總工會召開的歡迎大會上，陳贊賢慷慨陳詞，表示要堅決與反動派作鬥爭，為工人階級謀利益。六日，陳贊賢被以開會為名騙到縣署，倪

78　《新編第一師政治部等報告陳贊賢劣跡文》，《中華民國史事紀要》，1927 年 1 月 2 日。

79　《贛州各工會代表諸願書》（1927 釘 2 月 12 日），《黨的創立和第一次國內革命戰爭時期江西工人運動》，第 219-220 頁。

80　《審訊倪弼記錄（節錄）》（1958 年 7 月 19 日），《黨的創立和第一次國內革命戰爭時期江西工人運動》，第 259-261 頁。

弻、賀其燊、郭聾等限令其立即解散總工會，被他嚴詞拒絕。倪說：「蔣總司令有令在此，今晚要槍斃你！」話音剛落，倪之左右胡啟儒等人當即向他亂槍射擊。陳身中十八槍，當場犧牲。[81] 史稱「贛州慘案」。

贛州慘案驚駭一時，引起武漢中央黨部、國民政府及各地民眾的強烈反應。各地強烈抗議、懲辦兇手的通電紛見報端，國民黨中執委全體會議十五日也作出決議，要求蔣介石速將倪弻解送中央訊辦。北伐軍總政治部下令撤銷倪弻新一師黨代表職務，師政治部停止活動。由於殺陳原本出於蔣之慫恿，倪弻等各兇手則得到他的保護而安然無恙[82]。不僅如此，他接下來又指使製造了南昌、九江事件。贛州慘案是蔣介石四一二政變前夕在江西開的第一刀，它使國共之間的矛盾進一步加劇並公開暴露出來。

2.搗毀南昌、九江市黨部事件

三月六日，江西省主席李烈鈞偕譚延闓、何香凝、丁惟汾、陳果夫、陳公博等離開南昌，到武漢參加國民黨二屆三中全會（蔣介石、張靜江留昌未去）。七日預備會間，李烈鈞得知會議

81　《江西工人運動史》，第 117 頁。分見君實：《陳贊賢為什麼死了》，1927 年 3 月 20 日；《總司令坐鎮之江西駐軍慘殺陳贊賢烈士之真相——贛州各工會請願團的報告》，《漢口民國日報》1927 年 3 月 22 日；《黨的創立和第一次國內革命戰爭時期江西工人運動》所載《陳贊賢烈士事略》、《審訊倪弻記錄》、《沈洪標口供》等。倪弻、郭聾韶放後被捕獲，經審判後被處死刑。

82　倪弻等當時逃往福州，旋到上向見蔣介石，蔣讓他們到廣州錢大鈞部，隨即在錢之派兵保護下，回到贛州原職並參與主持清黨。

對蔣不利（這次會議決定免除蔣介石中央常務委員會主席、軍事委員會主席和軍人部長職務，撤銷張靜江代理中執委常委會主席職務），遂不等正式會議開始，即於次日返回南昌，勸蔣介石「速作移節之計」，東下南京[83]。蔣「然之」，並讓段錫朋等繼續「制裁」江西國民黨左派。南昌、九江市黨部於是首當其衝。

與省黨部由右派把持不同，南昌、九江市黨部掌握在國民黨左派和共產黨人手中。兩市黨部在政策、行為上都與省黨部不同，不但反對以段錫朋為首的省黨部反共和壓制民眾運動，而且擁護武漢國民黨左派恢復黨權、限制蔣介石權力的運動。三月十一日，南昌市黨部派執行委員李松風等去武漢，要求中央改組省黨部並懲辦段錫朋。同一天，九江市黨部召開全體黨員大會，也作出了呈請中央懲段的決議。[84]因此，南昌、九江市黨部為蔣介石和省黨部所不容。

十四日，省黨部下令解散南昌市黨部，通緝市執、監委員。南昌市黨部對此未予理會。段錫朋當即呈准蔣介石，決於十五日晚封閉市黨部機關報《貫徹日報》，次日強制接收市黨部。十五日，南昌市黨部召開二十萬人參加的群眾大會，紀念孫中山逝世兩週年。大會提出了「提高黨權」等口號，讓到場的蔣介石大為不滿，責問口號是誰提出的？人們回覆這是「民眾意思」，蔣說：「我有我的口號，就是擁護江西省黨部，反對江西省黨部的

---

83 《李烈鈞文集》，第844頁。
84 《中華民國史事紀要》1927年3月26日。

即應打倒。」[85]當晚，蔣介石離開南昌去九江。臨行前，總政治部副主任郭沫若聽說省黨部有解決市黨部的消息，特向蔣介石反映，蔣當面便寫一信給段錫朋，說江西黨務以後事事須與總政治部接洽，對於市黨部事宜緩和為是，使郭非常的滿意[86]。

但是，事情完全出乎郭沫若的意料。十六日，省黨部召集五百多人，在尹敬讓等帶領下，沿途呼喊「打倒左派」、「擁護蔣總司令」等口號，蜂擁衝入南昌市黨部，逢人便打，遇物即毀[87]。強行宣佈解散市黨部、農協和工會，封閉《貫徹日報》，捕去新聞記者和會計，並通緝市黨部委員。南昌市黨部遂遭搗毀。

緊接南昌之後，九江市黨部也在次日被搗毀。蔣介石十五日離開南昌後，十六日抵達九江。在蔣慫恿下，十七日，幾百個地主、豪紳和地痞流氓在王若淵等帶領下，持刀劍、棍棒包圍並搗毀九江市黨部、農協、總工會和國民新聞社，黨部門窗、板壁被搗得稀爛，文件書籍悉被燒燬，孫中山像亦被撕成碎片，當場殺害市黨部人員三人、農協和總工會職員各一人，捕捉職員六七十人並解送蔣介石的總司令部。[88]蔣介石陽為答應郭沫若和工人糾

85　《江西代表鄧鶴鳴報告》（中國國民黨中執委第二屆常務委員會第一次擴大會議速記錄），《中華民國史檔案資料彙編》，第四輯（上），第406頁。

86　郭沫若：《請看今日之蔣介石》，《四一二反革命政變資料選編》，人民出版社1987年版，第86-87頁。

87　《南昌之白色恐怖》，《漢口民國日報》1927年3月23日。

88　《九江代表報告》（中國國民黨中執委第二屆常務委員會第一次擴大

察隊派兵彈壓暴徒的要求，卻讓其衛隊掩護暴徒們安全溜出九江市，當晚又任命唐蟒為戒嚴司令，讓其禁止工人罷工，一有工人罷工，便立行拘捕。[89]其後，蔣介石一路轉往安慶、上海，並相繼製造了安慶慘案、上海四一二政變。

3. 圈定縣黨部成員和摧殘工農運動

省黨部成立後，立即按照「黨權不要插在共產黨手裡」[90]的原則和圈定省黨部委員的辦法，對縣黨部進行改組、圈定，「指定土豪劣紳，或貪官污吏、老朽分子為執行委員」，而原先在祕密時期努力工作的革命青年，反被排斥而無處安身。同時，由省黨部訓令所有民眾團體，必須到黨部註冊方可活動，農民協會的一切款項和公文均須由省黨部轉發；省政府通令各地「一律取消」農民自衛軍。尤其是，贛州慘案後，省黨部派往各地的特派員相繼跟進，糾集人員在撫州、豐城、永豐、于都、鄱陽等地，「無惡不作，殺害工友，搗毀工會，破壞農民運動，屠殺農民」[91]。時人指出，江西在北伐勝利不久，便進入了「受著反動派摧殘殺戮的時期」[92]。另一方面，省黨部也將矛頭直指武漢中

會議速記錄），《中華民國史檔案資料彙編》，第四輯（上），第 408 頁。

89 郭沫若：《請看今日之蔣介石》，《四一二反革命政變資料選編》，第 87-88 頁。

90 《黑幕重重之江西黨務》，《漢口民國日報》1927 年 3 月 25 日。

91 荻零：《我們的時代》，載江西農協《農民運動之理論與實際》，創刊號，1927 年 3 月 20 日印。

92 《南昌省市團體來電擁護中央執行委員會》，《漢口民國日報》1927 年 3 月 30 日。

央，從三月中旬起，冒用各民眾團體名義，在南昌舉行所謂「江西各界擁護國民黨示威運動」，散發「打倒中央執行委員會」、「擁護江西省黨部」等言論[93]，「作驅逐鮑羅庭，擁護蔣總司令之運動」[94]，影響視聽，並對左派和共產黨人進行反擊。

二 南昌四二暴動與省黨政權力的重組

連續發生的慘案、事件，引起江西的國民黨左派、共產黨人和廣大民眾的憤怒。三月十七日，江西省、南昌市、九江市均派代表去武漢向中央黨部和國民政府申控，要求中央「早日解決」江西問題，改選省黨部和省政府，以免演成更大流血事件。與此同時，武漢中央所收「江西各級黨部及各人民團體，呈請中央改組省政府之電文，盈寸滿尺」[95]，也形成了民眾的強烈訴求。

其實，早在三月十四日，國民黨二屆三中全會即已認定圈選產生的江西等省黨部「違法」，決議進行改選。二十三日，武漢中央認為江西「迭次發生重大案件，可見反革命空氣，已瀰漫全贛」，非嚴行根究不足以肅黨紀而遏亂萌，乃電令江西省黨部「著即停止職權，聽候查辦」[96]。二十六日，武漢中常會第三次擴大會議決定，派劉一峰、李松風、鄧鶴鳴、黃實、傅惠忠、方

---

93 《剿赤之意義和方略──段錫朋先生在省黨部紀念週演講》，《江西民國日報》，1931 年 6 月 16 日。

94 同上。

95 《改組江西省政府》，《漢口民國日報》1927 年 3 月 31 日。

96 《中央執行委員會致江西省黨部漾電》，1927 年 3 月 23 日，存江西省檔案館。

志敏、王枕心、李尚庸等八人為改組委員，負責改組江西省黨部，籌設正式省黨部。在正式省黨部成立前，改組委員會「代替省黨部職權，並查辦以前反動派搗亂經過，呈中央核辦」[97]。可見，武漢中央賦予了改組委員會接管和主持江西黨務的全權。八位委員中，共產黨員和國民黨左派各占一半。緊接著，吳玉章在三月二十八日的武漢中央政治會議第六次會議上，提出李烈鈞「行動不好」，建議對江西省政府早定辦法。次日，林伯渠在九江根據與朱培德交談瞭解的情況，也致電武漢中央建議改組江西省政府。三十日，國民黨中央政治會議第七次會議作出決定，改組江西省政府，免去李烈鈞等人的職務，任命朱培德為省主席。

武漢中央的決定，在十分困難的時刻支持了江西的革命力量。南昌市的反右氣氛，於是日形濃烈。據袁玉冰記載，三月底的幾天，南昌「街頭巷角之間，空場之中，到處都發現一群一群的人民，或圍聽演講隊的演講，或站看牆壁上的標語，也有指手劃腳在互相談話的，空氣中充滿著不寧的情感」，「滿地都遍灑了對於省黨部反抗的心泉」，也有在百花洲省黨部門前叫一兩聲「打倒省黨部」，而省黨部的人也不敢神氣了，上街甚至不敢戴嘉禾胸章了。[98]四月一日，改組省政府的消息傳到南昌，「真和一顆炸彈一般。革命的民眾與反革命的右派決死的鬥爭，不是一

97　《中國國民黨中執委第二屆常務委員會第三次擴大會議速記錄》，《中華民國史事紀要》，1927 年 3 月 26 日。

98　江西省黨史委編：《袁玉冰專集》，中央文獻出版社 1994 年版，第 90-91 頁。

天一天的而是一秒一秒的近了」[99]。二日下午，在袁玉冰等帶領下，南昌民眾群集百花洲一帶，高喊「捉拿反革命」等口號，一舉占領了右派把持的省黨部、省政府和教育廳，解除了省黨部糾察隊的武裝，捕獲ＡＢ團首要程天放、羅時實、曾華英、巫啟聖、王冠英等人，段錫朋、周利生等逃脫，原省主席李烈鈞在向各報館發出《江西省黨部被共產黨徒搗毀電》後，率部分人員避往上饒。這就是當時影響很大的南昌四二暴動[100]。三日，由江西全省總工會、農民協會、商民協會、學生總會和南昌市黨部等九團體組織南昌民眾三萬多人，在公共體育場舉行「歡迎朱主席改組省政府暨中央特派員改組省黨部大會」，程天放等人被押至會場示眾。四二暴動是江西有組織的民眾在武漢中央支持下反抗國民黨右派的一次重大行動，此舉基本摧毀了蔣介石在江西精心營建的右派勢力，將江西的國民革命運動推至高潮[101]。

四月五日，劉一峰等中央特派員到達南昌。五月二十至二十九日，在南昌重新舉行中國國民黨江西省第三次代表大會。會議重申並堅持孫中山的三大政策，選舉產生了新的省執、監委員。劉一峰、李松風、王枕心、羅石冰、鄧鶴鳴、方志敏、姜濟寰、

99 參見《袁玉冰專集》，第91頁；戴向青、羅惠蘭：《AB團與富田事變始末》，河南人民出版社1994年版，第33-36頁。
100 參見程天放《我所經歷的四二事變》，載《中華民國史事紀要》，1927年4月2日。
101 也有人認為，四二事變」促成了國民黨中央的決心，在4月12日實行清黨」（程天放《我所經歷的四二事變》），此說不確，有為蔣介石解脫之嫌。

王均、黃實、朱克靖、李桂生、黃道、李小青等十三人當選為執行委員，傅惠忠、朱由鏗、饒思誠、張漢傑、嚴延生等五人為候補執行委員；蕭炳章、涂振農、蔣睦修、李尚庸、邵式平為監察委員，俞謨、曾振五、周繼暉為候補監察委員。在次日舉行的執、監委第一次常會上，推定王枕心、李松風、羅石冰為執委會常務委員，劉一峰、黃道、方志敏、李小青、鄧鶴鳴、李松風、李桂生分任組織、宣傳、農民、工人、商民、青年、婦女各部部長；蕭炳章為監委會常務委員[102]。國民黨江西省黨部領導機構至是重新組成，其成員基本上是國民黨左派和共產黨人。

也是在四月五日，朱培德從九江進入南昌就任省主席，組建新的省政府。朱培德、楊賡笙、姜濟寰、蕭炳章、黃實、劉芬、張國燾、劉一峰、李尚庸、李松風、王均等十一人任省政府委員，楊賡笙、姜濟寰、蕭炳章、黃實、劉芬分長民政、建設、教育、財政、司法各廳。同時，委任朱德兼南昌市公安局局長。朱德兼任公安局長，對其後八一南昌起義的成功起了重大作用。

江西反右派運動的勝利和省黨政權力的轉換，主要原因是：第一，得力於國共合作的武漢中央的支持。武漢中央支持江西的革命力量，一方面出於不滿右派把持的江西省黨部、省政府的作為。大體上從遷都之爭起，武漢方面對江西省黨部、政府的完全聽命於蔣介石，反對國民黨左派、壓制工農運動，就十分不滿，乃至一直不承認省黨部的資格，鄧演達更直稱江西省政府為「偽

102 《江西省黨部執監委員就職》，《漢口民國日報》1927 年 6 月 11 日。

省政府」¹⁰³。因此，變換省黨政機構，乃武漢方面堅持其革命原則和立場的必然行動。另一方面，也不願在與蔣介石的鬥爭中失去江西。這個時候，武漢中央與蔣介石之間，已處於鬥爭的白熱化階段。因此，當右派摧殘革命力量時，江西的國民黨左派和共產黨領導人大多在武漢受到了保護，而當蔣介石離贛、具備瞭解決江西問題的條件時，武漢中央迅速決定改組由蔣介石一手扶持的江西省黨部和政府，使得江西的反右派鬥爭具有了合法性，並且直接成為這場鬥爭的導火線。顯然，支持江西，也是武漢方面與蔣介石鬥爭並保有江西的必然行動。第二，是江西的共產黨人、國民黨左派和廣大民眾團結合作、堅持鬥爭的結果。第三，也與當時掌握江西軍權的朱培德有很大關係。朱培德具有很大的搖擺性，但當時卻因蔣介石在占領江西后安排李烈鈞而不是他任省主席心有不滿，故早在二月十一日，人們即已料定「第三軍軍長朱培德肯定會反對蔣介石」¹⁰⁴。所以，武漢改任他為省主席時，他的態度如李宗仁所說是「激烈反蔣」的。因此，有的研究者認為，南昌發生四二暴動，朱培德「難脫包庇縱容之嫌」¹⁰⁵。

三　朱培德的分共與統政

　　蔣介石發動四一二政變後，在南京另立國民黨中央和國民政

府，實行「清黨」反共政策，形成與尚稱革命的武漢國民黨中央和國民政府相對峙的局面，史稱「寧漢對立」。江西此時屬於武漢陣營，朱培德主政後，遂立即面臨著寧漢對立的尖銳矛盾，因而無心致力於政事；領有兩湖和江西的武漢陣營力量較弱，且內部危機日益嚴重。四月二十五日起，寧漢雙方軍隊在安慶、湖口形成對峙，軍事形勢緊張，江西在地理上處於寧漢對立的前沿，影響更大。江西境內，也危機深伏。南京陣營的李烈鈞在上饒、錢大鈞入贛州，從東南兩面形成對朱培德的威脅；而蔣介石同時既加強對朱培德的工作，派人駐昌維持聯絡，又加緊拉攏其部下軍官，對朱形成直接脅迫。在此背景下，朱培德最終採取「禮送」共產黨人出境的分共辦法，來化解困境。

朱培德首先突然遣送軍隊中的政治工作人員。五月二十九日，朱召集所轄第五方面軍[106]政治工作會議，自己不出席，而讓人傳話說，軍隊中的武裝人員和幾位政工人員發生了一點意見，為免引出不好的結果，他要求那幾位政工人員離開江西。此舉遭到部分與會政工人員的反對，他們表示，要走大家走，要留大家留。朱培德於是決定將全軍政工人員盡行遣送。[107]當天，第三軍

---

106 朱原轄第三軍進入江西后巳擴編為三、九兩軍，1927 年 5 月 6 日，武漢方而又將朱部編為第五方面軍，朱任總指揮兼九軍軍長，王鈞任三軍軍長。

107 參見《陳其媛在國民黨中央執行委員會政治委員會第二十八次會議的報告》，1927 年 6 月 13 日；趙濟：《「禮送「出境記》、梅原：《朱培德對政治工作的歡迎歡送》，分載全國政協《文史資料選輯》第 77 輯、第 45 輯。

屬下的師黨部、警衛團、憲兵營等，相率在南昌張貼標語，「歡送共產黨離贛」。三十日，以第五方面軍政治部主任、江西省政府秘書長朱克靖為首的全軍政工人員一百四十二人，被遣送出江西去武漢。軍隊政工人員一般都是共產黨員。

六月五日，朱培德繼續「禮送」「共產及左傾分子離境」[108]。先一日，朱開出一個在南昌的共產黨負責人和國民黨左派人士的二十二人名單，讓人通知他們離贛。經陳其瑗等要求，留下兩位女共產黨員。五日，劉一峰、方志敏、朱德、李松風、傅惠忠、王枕心等二十人，在兩名軍官監送下離開江西去武漢（個別人如方志敏潛留江西）。朱培德出資三萬元作為「禮送」費（其中一半為路費，一半為家屬安置費）。同日，朱派兵查封江西省總工會、農民協會、國民黨南昌市黨部、學生會和《貫徹日報》，收繳工農武裝（僅農民自衛軍槍械即有 800 餘支）。同時，將南昌四二暴動時被拘押的程天放等人從「看守所釋出」。

除「禮送」少數負責人之外，朱還以佈告形式進行分共。六日，朱發出通告，宣佈三事：凡共產黨員應完全退出；省內農工運動聽候中央指導；對農工運動之人不得尋仇報復、脅迫誣陷[109]。十一日，朱繼續發出最後通牒式的佈告，「以最後之言，忠告江西共產黨黨員剋日離贛」，「省內一切農工運動，暫時自

---

108 《陳其瑗致汪精衛、徐季龍、孫哲生、吳玉章急電》，1927 年 6 月 5 日。存台北國民黨黨史館。

109 《蔡熙盛電告朱培德肅清江西共黨》，《廣州民國日報》1927 年 6 月 15 日。

行停止，聽候中央指導」[110]。至此，朱培德將分共範圍從南昌擴大到全省。

朱培德自述其分共的原因，是共產分子未遵照國民黨黨綱和國民政府決議案行事，認為造成「民眾不安、社會騷動之原因，共產黨實難辭咎」，因此他要對共產黨「極力鎮攝」，「勸其遠行」[111]。實際上，朱培德是要以和平分共作為突破口，在寧漢對立的大勢中，表明其中立的立場，既取諒於南京的蔣介石集團，又見容於日益不滿共產黨的武漢汪精衛集團，從而尋求主動，保障其擁有的地盤、權力等既得利益[112]。

朱培德在江西的分共，繼蔣介石和武漢陣營夏斗寅、許克祥的清黨反共之後發生，震動一時，引起各方不同的反應，也基本上達到了朱培德所要追求的目標。南京陣營以「朱培德肅清共產黨」、「贛垣共產黨現已告肅清」之類語言，歡迎朱的分共，雙方聯絡此後更為頻繁、緊密，進入江西的蔣系軍隊也停止了對朱的軍事行動。武漢當局認為朱是在苦心孤詣為大局著想，認為如果中央不能體諒他，江西的局面馬上就會起變化[113]，因此派陳公

---

110 《中央特派江西特別委員會、國民革命軍第五方面軍總指揮部佈告》，1927 年 6 月 11 日，原存江西省公安廳檔案室，現存江西省檔案館。

111 《中央特派江西特別委員會、國民革命軍第五方面軍總指揮部佈告》，1927 年 6 月 11 日。

112 詳見何友良：《中間立場：朱培德分共的原因及其影響》，南京大學學報特輯《民國研究》總第 7 輯（2003 年）。

113 汪精衛語，轉引自李云漢：《從容共到清黨》，第 714 頁。

博為中央特派員赴贛撫慰，並阻止武漢各界民眾團體對朱的抗議活動，汪精衛其後還當面誇獎朱苦心維持江西，「一切處置，極為適當」[114]。中共方面原擬立即進行反擊，但受阻於蘇聯顧問鮑羅廷[115]。繼而，朱培德對中共的態度也出現新的變化：從六月中下旬到七月，朱培德很快恢復了省農民協會、總工會及全省工農運動，接收了在武漢農講所畢業的一百五十名江西籍學生並分派他們到二十八個縣工作；派人到武漢向被遣送政工人員「解釋誤會，並希望仍返贛工作」[116]；還壓制了「江西清黨運動委員會」等反共組織及活動，等等。因此，江西的革命力量再次興起，不少被遣送的共產黨人如朱德又回到江西，這又成為七一五武漢汪精衛集團叛變革命後，中國共產黨注重江西和八一南昌起義成功舉行的重要條件。

朱培德在費力處理與中共關係的同時，也著力進行了統一全省政令的活動。當時，上饒有四月初李烈鈞遷駐的被武漢國民政府免職的省政府，也稱贛東或上饒省政府。這個政府隸屬於南京，五月中旬李烈鈞赴南京軍事委員會主事後，「先後由姜伯彰、巫啟聖、王鎮寰、劉伯倫、蔣笈、徐惠如、許鴻等分負黨政責任」[117]。他們占據贛東各縣，得到「蔣介石在南京不斷增

114 汪精衛：《敬告江西同志》，1927 年 7 月 31 日。存江西省檔案館。
115 蔡和森：《黨的機會主義史》，存江西省博物館資料室。
116 《朱總指揮最近之演說》，《漢口民國日報》，1927'f6 月 17 日，梅原：《朱培德對政治工作的歡迎歡送》。
117 《李烈鈞文集》，第 844 頁。

援」[118]。在贛南，屬南京陣營的廣東當局為牽制武漢和阻止張發奎部回粵，派廣東警備司令錢大鈞進兵贛州，五月十八日夜在贛州發動清黨行動，逮捕中共黨員。隨即由廣州政治分會委派蔡申熙、倪弼等十一人組織贛南特別委員會，作為贛南最高黨務機關，代行省黨部職權；成立以倪弼為首的贛南行政委員會，作為贛南最高行政機關，代行省政府職權，管轄贛南各縣。贛東、贛南兩處各自「委任官吏，徵收稅款，又復各自組黨」，使江西一省「割裂為三，以致黨無統系可言，政更紛歧日甚」[119]，從東面和南面構成對朱培德統治的威脅，割裂了朱培德對全省的治權。

朱培德不能忍受這種局面。最初，他打算以武力統一全省政令。於是，一面派兵進剿贛東，與贛東省政府發生武裝衝突；一面策劃對贛南用兵。首先，他用武力解決了蔣介石留在江西的第十四軍餘部，然後，他宣稱錢大鈞部為「反動勢力」，調動駐九江等地的部隊第三軍第八、九兩師及第七師大部到吉安地區，與錢部相對峙。此時寧漢已趨向合流，廣東當局自然不願引發戰爭。八月十五日，廣東李濟深致電朱培德，表示粵軍將儘快退出贛南，「一俟趕辦就緒，當即通電貴部前來駐防」，請朱「勿派兵前來，以免發生誤會」[120]。不久，寧漢合流，朱培德作為武漢

---

118 邵式平：《中國工農紅軍第十軍團的誕生》（1959 年 4 月 8 日），《回憶閩浙皖贛革命根據地》，江西人民出版社 1983 年版，第 64 頁。

119 《江西省政府主席朱培德等致南京中央黨部、國民政府電》，1927 年 9 月 17 日。存中國第二歷史檔案館。

120 《李濟深致朱培德電》，1927 年 8 月 15 日。

方面的代表加入南京特別委員會。九月十七日，他率省政府各委員致電南京國民黨中央黨部、國民政府，要求改變江西政治分裂的現狀，明令剋日撤銷上饒所設省政府及贛縣所設行政委員會，以便黨務歸屬於省黨部、政務則歸於省政府。十月五日，南京國民政府發佈第十四號指令，飭撤銷上饒省政府和贛南行政委員會，以使江西政治歸於統一。十月九日，該兩處機構奉令撤銷，兩處軍隊分別撤走，請朱培德派人和平接收[121]，江西政令至是統一。十一月，體現寧漢合流精神和全省政令統一成果的江西省政府，由南京國民政府改組產生。省政府以朱培德、熊式輝、楊賡笙、胡曜、陳禮江、熊育錫、李尚庸、黃實、王均、彭程萬、伍毓瑞等十一人為委員，仍由朱培德任主席。經過一系列的反覆、周折，江西最終成為南京國民政府治下的一個基本省區。

121 《朱培德和平接收江西全境》，《東方雜誌》第 24 卷，第 22 號。

第四章————

土地革命與紅色
政權的興起

　　一九二七年蔣介石、汪精衛相繼發動四一二政變和七一五政變，國共合作領導革命建國的模式因國民黨的背叛而夭折，全國革命形勢陡轉。中國共產黨面對血腥鎮壓被迫另闢新路，走上獨立領導土地革命、探索重建國家的艱難征程。中共的探索，以反抗國民黨的鎮壓和否定國民黨建立的國家政權形式及一黨獨裁統治，開展土地革命，創建人民軍隊和革命根據地，開闢農村包圍城市、武裝奪取政權的中國革命道路，建立工農民主專政的政權為基本內容。作為實踐新戰略的中心區域，在江西這塊土地上，中共領導舉行了南昌起義、湘贛邊界秋收起義等一系列起義和暴動，先後建立有井岡山、中央、贛東北（閩浙贛）、湘贛、湘鄂贛等全國最早、最大和最多的革命根據地，直至建立了以瑞金為中心的中華蘇維埃共和國。江西全省三分之二以上的地區曾為根據地地域，被人們稱為人民軍隊誕生的搖籃、探索中國革命道路的搖籃，打造中華人民共和國的搖籃，「中國革命前進的偉大基地」[1]。中共在江西等地的奮鬥，試驗了現代中國發展的另一條道路，成為中國共產黨史和中國革命史的一個重要歷史階段，也是中華民國史的一個重要組成部分，豐富了民國的歷史內容。

---

[1]　石仲泉：《中國革命前進的偉大基地》，《中共黨史研究》，2002 年第 1 期。

第一節 ▶ 開闢新路的鬥爭

一　中共應對危局的重地

一九二七年七月十五日，武漢汪精衛集團繼蔣介石之後宣佈「分共」，國共合作領導國民革命的生氣勃勃的局面至此完全破裂。早在四月十八日，蔣介石等已在南京建立了一黨專政的國民政府，同時實行流血「清黨」反共的政策。汪精衛集團繼之加入了捕殺共產黨人的行列，並與南京實現了「合流」。中國革命形勢陡轉，事實上再次提出探索重建國家的艱難課題。

在突遭國民黨的武力排斥與通過國民革命合作建國的模式夭折後，中共「面對著被敵人瓦解和消滅的危險」[2]，為了生存和理想，決心整頓隊伍，另闢新路，聯合工農繼續奮鬥。一九二七年七月中下旬，中共中央臨時政治局常委會決定，將中共所掌握或影響的部隊向南昌集中，準備起義；在湖南、湖北、廣東、江西四省組織農民秋收暴動，實行土地革命。中共中央宣告：「我們黨的責任只有堅決的與這種新的反革命奮鬥，積聚一切革命勢力，開展這一革命的新階段──土地革命。」[3]在隨後召開的著名的八七會議中，進一步確定了實行土地革命和武裝起義的總方

2　金沖及：《二十世紀中國的崛起》，上海人民出版社 1999 年版，第 87 頁。

3　《中央通告農字第九號──目前農民運動總策略》（1927 年 7 月 20 日），中央檔案館編《中共中央文件選集》第三冊（1927 年），中共中央黨校出版社 1983 年版，第 184 頁。

針，明確提出在國民革命失敗的嚴重環境下，中國共產黨要整頓自己的隊伍，糾正過去嚴重的錯誤，尋找著「新的道路」[4]，通過武裝工農民眾，創造革命軍隊，建立工農政權，「創造我們自己的自由世界——工農平民的獨立的中華共和國！」[5]在這裡，中共提出了武裝起義、土地革命和中華共和國的應對政策，表明了要通過土地革命另闢建國新路的決心，並立即將其付諸實踐。民國歷史，由此進入國共兩黨及兩種思路、兩種政權針鋒相對鬥爭的時期。

鑒於當時江西具有的獨特條件和環境，中國共產黨人將實踐新戰略的目光和重心，集聚於此。江西成為國民革命失敗後，中國共產黨應對危局、探索新路的重要地區。

二 南昌起義與湘贛邊界秋收起義

1. 八一南昌起義

一九二七年七月十九日，中共中央臨時政治局五人常委之一的李立三，與鄧中夏、譚平山、惲代英等奉派到達九江，準備組

4　《中共八七會議告全黨黨員書》（1927 年 8 月 7 日），中央檔案館編《中共中央文件選集》第三冊（1927 年），第 265 頁。

5　《中國共產黨為漢寧妥協告民眾書》（1927 年 8 月 14 日），中央檔案館編《中共中央文件選集》第三冊（1927 年），第 280 頁。在 10 月23 日的《中國共產黨反對軍閥戰爭宣言》中，中共進一步提出要「統一中國，造成新中國——工農各勞動貧民代表會議（蘇維埃）的中國」。同年底，繼續申明了「打倒反動的國民黨政府」，「建立蘇維埃中國」等主張（同上書第 326 頁、477 頁）。

織中共掌握的一部分軍隊，聯合統領第二方面軍的張發奎重回廣東，建立新的革命根據地。當時，張發奎第二方面軍已陸續集中九江，擬經南昌南下廣東，受中共掌握和影響的部隊主要在該方面軍中，其中第四軍、十一軍已向南昌移動，第二十軍也到了九江；張發奎緊跟汪精衛，這時在廬山已經表露要在軍中實行分共的意向；江西駐軍為朱培德部，朱培德雖在六月初「禮送」共產黨人出境，但朱德等已經返回南昌，革命力量經短期受挫後又有發展。李立三等與在九江的葉挺、聶榮臻等分析當面形勢，感覺情況緊迫，遂向中共中央提出了放棄依靠張發奎的設想，「在軍事上趕快集中南昌，運動二十軍與我們一致，實行在南昌暴動」和「建立新的政府來號召」的建議。

李立三等人的意見，得到在廬山的瞿秋白、鮑羅廷和在武漢的中共中央的同意。二十軍軍長賀龍在譚平山徵求其意見時，也表示「熱烈」支持。[6] 二十四日，中共中央正式決定在南昌舉行武裝起義，組織前敵委員會，派常委周恩來任前委書記（委員有李立三、惲代英、彭湃）赴南昌領導起義事宜。起義後組織中國國民黨革命委員會，作為集中政權黨權的最高機關，打繼承國民黨正統的旗號，以反對南京、武漢的國民黨政權。中央還確定了起義後部隊的行動方向。震驚一時的南昌起義決策，至此正式制定。

6　《李立三報告八一革命之經過與教訓》，1927 年 10 月，南昌八一起義紀念館編《南昌起義》，中共黨史資料出版社 1987 年版，第 83 頁。

二十六日，周恩來到達九江，當即與在九江的同志最後確定了南昌起義的行動計劃[7]。隨後，與李立三趕赴南昌，與在南昌的朱德等及中共江西省委會合，葉挺、賀龍也率部抵達南昌。到達南昌的還有惲代英、彭湃、劉伯承、譚平山、林伯渠、吳玉章、徐特立、郭亮、周逸群、方維夏、彭澤民、張曙時等。這

・南昌八一起義指揮部舊址江西大旅社（《中國人民解放軍歷史圖片選集》）

一大批重要領導人的年齡，當時多在三十歲左右。二十七日，周恩來在南昌正式成立前敵委員會，並主持前委會議決定，三十日舉行起義（後因等待受命傳達共產國際指示的中央常委張國燾的到來及說服其同意立即起義，起義改在 8 月 1 日凌晨舉行）；參加起義的部隊，為第十一軍第二十四師、十師，第四軍第二十五師（在九江馬回嶺），第二十軍及第三軍軍官教育團，共約二萬

7　參見張月琴主編《南昌起義史論》，江西人民出版社 1986 年版，第 41 頁。

零五百人。當時駐守南昌的敵軍，主要為朱培德第五方面軍所部約六個團五千人左右，在兵力對比上，起義軍占有較大的優勢。

八月一日凌晨二時，在以周恩來為書記的前委領導和賀龍、葉挺、朱德、劉伯承的指揮下，南昌起義爆發。各部隊按照原定部署，向各守敵目標進攻，經四個小時的激戰全殲敵軍，占領南昌，起義取得完全勝利。起義之前朱德以請客和打麻將為名滯留敵軍的幾個團長、團副，為起義的勝利起了重要作用。

按照中共中央仍使用國民黨革命委員會旗號的決定，起義勝利後，召開了有共產黨人和國民黨左派人士參加的聯席會議，選舉成立了由宋慶齡、周恩來等二十五人組成的中國國民黨革命委員會（宋慶齡等數人當時不在南昌）。這是一個共產黨與國民黨左派的聯合政權，實即「無產階級領導的工農小資產階級民主革命政權」[8]。不公開打出中共的旗號，源於團結國民黨中一些左翼進步人士和繼承孫中山革命精神的考慮。二日，革命委員會舉行就職典禮，發表了堅持孫中山三民主義和三大政策、反對蔣介石、汪精衛背叛革命和建設農工領導的民主政權、保護中小商民階級的政綱宣言；任命吳玉章為秘書長，劉伯承為參謀長，賀龍代第二方面軍總指揮兼第二十軍軍長，葉挺代前敵總指揮兼第十一軍軍長，朱德為第九軍副軍長，郭沫若為總政治部主任，還組設了財政、宣傳、農工、黨務委員會等機構。同日，聶榮臻、周

8　《李立三報告——八一革命之經過與教訓》，南昌八一起義紀念館編《南昌起義》，第87頁。

士第率在馬回嶺起義成功的第四軍二十五師部隊三千人趕到南昌。南昌各界民眾數萬人舉行盛大集會，慶祝起義的成功和革命委員會的成立。

革命委員會對江西省政府也進行了重新任命，免去原省政府主席朱培德、財政廳長黃實的職務，任命姜濟寰代理江西省政府主席、沈壽楨代理江西省財政廳廳長。姜濟寰等即於二日宣誓就職，並啟用新的「江西省政府」木質印信。姜濟寰以江西省政府代理主席身分發出佈告，簡要說明南昌起義的原因及新政府的政策。其中說到：改造始自江西，原以攘除黨賊。實行三民主義，遵行三大政策。武漢之與南京，背叛已同一轍。仗我中央委員，以及革命賢哲，並得二方面軍，將士同心同德。毅然決然改圖，守我總理遺則。贛省首承其庥，人民欣有喜色。[9]這段話，說明了起義原因、與江西的關係以及江西人民對起義的反應。佈告還表明了新政府「力謀民眾利益」、「不與民眾相隔」的態度。

八月三日至七日，起義軍按照中共中央先前的決定，分批撤出南昌，經進賢、臨川（撫州）、瑞金、長汀南下廣東，以期實現占領廣東、取得海口求得國際援助，然後再進行第二次北伐的戰略意圖。南下途中，部隊歷經艱難與挫折，天氣酷熱，山路崎嶇，給養困難，落伍逃亡重病士兵極多，但仍在瑞金、會昌取得對敵軍錢大鈞部激戰的勝利。九月下旬，部隊進入廣東潮汕地

9　《江西省政府代理主席姜濟寰佈告》，江西《工商報》1927 年 8 月 3 日。南昌八一起義紀念館編：《南昌起義》，第 31 頁。

區，遭到廣東敵軍的重兵包圍，在連續艱苦作戰後被打散，起義領導人大多轉到香港，餘部一部分進入海陸豐地區，後改編為紅二師；一部分在朱德、陳毅率領下轉戰粵贛湘邊區，後上井岡山與毛澤東部會師，創建了紅四軍。

南昌起義雖然最終未實現原定的戰略意圖，但它具有重大的歷史意義。起義在「共產黨領導下，向國民黨反動派打響了第一槍」[10]，不但在革命潮流低落、「廣大群眾沒有出路的時候」振奮了革命精神，挽救了革命的消亡，而且在全國樹立了新的革命旗幟，開闢了中國革命和中國共產黨歷史上一個新的土地革命時期。八一南昌起義，成為中國共產黨獨立領導中國革命、創建人民軍隊和以武裝鬥爭開闢建國新路的開端，南昌也成為人民軍隊「軍旗升起的地方」，並被譽為英雄城[11]。

2. 湘贛邊界秋收起義

南昌起義爆發後，中共中央於一九二七年八月三日發出《關於湘鄂粵贛四省農民秋收暴動大綱》，部署在工農運動基礎較好的四省舉行秋收暴動，一面策應南昌起義，牽制壓迫南昌之敵；一面在廣大農村發動土地革命。中共八七會議進一步肯定了秋收

10　周恩來：《對我們黨在新民主主義革命階段六次路線鬥爭的個人認識》（1972 年 6 月 10 日），引自金沖及主編《周恩來傳》上，中央文獻出版社 1998 年版，第 190 頁。

11　1933 年 7 月，中華蘇維埃共和國臨時中央政府鑒於工農紅軍由南昌起義開始組建，決定每年 8 月 1 日為中國工農紅軍紀念日。由此，「八一」成為人民軍隊的建軍節。1949 年中央軍委還決定，在軍旗、軍徽上以「八一」作為中國人民解放軍的標誌。

暴動的計劃，會後，中共中央派毛澤東以中央特派員身分回湖南改組省委和領導秋收起義。

毛澤東著重考慮了起義的旗幟和計劃等重大問題。八月十八日，他在討論秋收起義的湖南省委會議上率先提出，起義要公開打出共產黨的旗號，並致信中央，認為再打國民黨的旗幟「必會失敗」。三十日，毛澤東與以彭公達為書記的中共湖南省委開會決定，成立以毛澤東為書記的中共湖南省委前敵委員會領導秋收暴動；改變湖南全省暴動的計劃，以進攻長沙為目標，將起義地點集中在湘東和贛西。作出這個決定的一個重要依據，是當時在湘贛邊界駐有中共掌握的武裝力量，即國民革命軍第二方面軍總指揮部警衛團和邊界各縣的一些工農武裝。由中共黨員盧德銘任

・毛澤東於 1927 年九月在湘贛邊界領導秋收起義。這是部署秋收起義的軍事會議舊址——江西安源張家灣（《中國人民解放軍歷史圖片選集》）

團長的警衛團，因未趕上南昌起義而轉移到江西修水，此時為掩飾身分而與江西當局商定暫編為「江西省防軍第一師」[12]。它們與鄰近幾縣的工農武裝成為毛澤東領導秋收起義的基本力量。

九月初，毛澤東趕赴安源。在安源張家灣召開部署起義的軍事會議上，決定將起義部隊定名為工農革命軍第一軍第一師，余灑度任師長，余賁民任副師長，下轄三個團（約 5000 人，其中第一團駐修水，由警衛團和平江工農義勇軍、湖北崇陽、通城農民自衛軍組成，團長鐘文璋兼；第二團駐安源，由安源路礦工人糾察隊、礦警隊和江西安福、永新、蓮花、萍鄉，湖南醴陵、衡山等地的農民自衛軍組成，團長王興亞；第三團駐銅鼓，由瀏陽縣工農義勇隊和警衛團一個營組成，團長蘇先俊。起義前夕還收編黔軍邱國軒團編為第四團）；在修水、安源、銅鼓三地同時起義，以第一團進攻平江，第二團進攻萍鄉、醴陵，第三團進攻瀏陽，各路然後會攻長沙；毛澤東到銅鼓直接指揮第三團（中路）行動，盧德銘任起義軍總指揮。江西方面參加這次會議的，有贛西農民自衛軍總指揮兼安福縣農軍負責人王興亞、中共安源市委負責人寧迪卿等。

九月九日，以中共湖南省委組織的破壞長沙到岳陽和長沙到株洲的鐵路為標誌，湘贛邊界秋收起義正式爆發。三個團隨即在各地先後起義，並分三路分別攻向平江、醴陵、瀏陽，還曾先後

12　參見張俠、李泝扯：《湘贛邊秋收起義研究》，江西人民出版社 1987 年版，第 111-113 頁。

占領過醴陵、瀏陽縣城。長沙近郊也有一些農民起來響應暴動。初起時起義氣勢頗為壯觀，「湘東各處敵軍皆紛紛退卻」[13]。毛澤東當時寫下《西江月・秋收起義》一詞，記錄了當時的盛況。[14]

但是，起義軍很快遭到國民黨正規軍優勢兵力的阻擊和反攻，原先收編的邱國軒第四團也在作戰中突然叛變並從背後襲擊第一團，起義軍各路隊伍遭受嚴重挫折。十四日，毛澤東率第三團退到瀏陽上坪，主持召開緊急幹部會議，決定放棄原定攻打長沙的計劃，第一、二團餘部速來與三團會合。十九日，三個團在瀏陽文家市會合，總人數已銳減到一千五百人。當晚，毛澤東主持召開前委會議，討論工農革命軍的行動方向。會議發生激烈爭論，最終在總指揮盧德銘等支持下通過了毛澤東關於放棄進攻長沙的主張，否定了師長余灑度等堅持的「取瀏陽直攻長沙」的意見，決定退往湘南，在敵人統治力量薄弱的農村、山區尋求生存和發展。文家市會議體現了毛澤東的「上山」思想，挽救了起義軍的命運，特別是在武裝鬥爭的戰略思想上實現了重要轉折，成

13　《蘇先俊報告——關於瀏陽、平江、岳陽作戰經過報告書》（1927 年
　　9 月 17 日），井岡山革命根據地黨史資料徵集編研協作小組等編《井
　　岡山革命根據地》上，中共黨史資料出版社 1987 年版，第 21 頁。
14　詞云：軍叫工農革命，旗號鐮刀斧頭。修銅一帶不停留，要向平瀏直
　　進。地主重重莊迫，農民個個同仇。秋收時節暮雲愁，霹靂一聲暴
　　動。這首詞發表時作者有所修改，詳見金沖及主編《毛澤東傳（1893-
　　1949）》上，中央文獻出版社 1996 年版，第 149 頁。

為「從進攻大城市轉到向農村進軍的新起點」[15]。

　　起義軍當即在毛澤東等率領下，由湘東轉入贛西。在歷經艱難、混亂及在萍鄉蘆溪遭襲犧牲了總指揮盧德銘後，於九月二十九日到達永新縣三灣村。前委在三灣村領導已不足千人的部隊進行改編，將部隊縮編為一個團；連以上建立士兵委員會，實行官兵平等的民主制度；在各級建立黨的組織和黨代表制度（班排設小組，連設支部，營、團設黨委，連以上設黨代表）。三灣改編重振了部隊的意志與精神，特別是從組織上確立了中共對軍隊的領導，成為建設無產階級領導的新型人民軍隊的重要開端。

　　這時，毛澤東根據宋任窮送來的中共江西省委密信[16]，已經與寧岡黨組織負責人龍超清和駐在寧岡茅坪的袁文才部取得聯繫。部隊即於十月三日抵達寧岡縣古城。毛澤東在古城召開前委擴大會議，總結起義的經驗教訓，研究在羅霄山脈中段「安家」即建立根據地和團結改造井岡山地區袁文才、王佐農民武裝的問題，初步作出了創建井岡山革命根據地、開展工農武裝割據的決定。其後，毛澤東率領這支隊伍轉入創建井岡山革命根據地的鬥爭。

　　秋收起義是國民革命失敗後中共領導的三大起義之一，它與南昌起義、八七會議一起，開始了中國共產黨獨立領導武裝鬥爭

15　逄先知主編《毛澤東年譜（1893-1949）》，上卷，人民出版社 1993 年版，第 219 頁。

16　宋任窮：《回憶井岡山鬥爭的一些往事》，井岡山革命根據地黨史資料徵集編研協作小組等編《井岡山革命根據地》（下），第 191-192 頁。

和土地革命的新時期。毛澤東在起義後期率領部隊向農村和山區的進軍，揭示了中國革命的正確道路和發展方向，是中國共產黨在中國革命指導思想上，由以城市為中心向農村、農民為中心轉變的先聲與典範。

三　江西地方武裝暴動的爆發與延伸

1. 秋收暴動的組織

　　南昌八一起義以後，江西政治形勢加速惡化。八月十日，朱培德發出進一步嚴厲鎮壓共產黨人的通告。隨後，江西相繼組織清黨委員會、「懲治共匪委員會」，「無時不以絕共為職志」[17]，以軍警力量對中共黨員及進步青年進行殘酷的殺戮。其時，「白色恐怖嚴重的籠罩著全省，許多英勇善戰的革命同志都犧牲於新軍閥槍刀之下，在順德門外，每日平均至少有一兩個共產黨員槍斃」[18]。袁玉冰等共產黨重要領導人被殺害。據不完全統計，在全省清黨運動中，一九二七年被逮捕者四百三十五人，被殺害者五百一十三人；一九二八年被逮捕者二百七十八人，被殺害者八十二人。[19]據學者的研究，在清黨中被捕被殺的人，不完全是中共黨員，也包括一部分思想激進的國民黨中下層青年黨員。這個比例在江西有多大，尚無準確的數據。經此清黨，全省中共黨

17　《南昌來電》，上海《民國日報》1928 年 1 月 16 日。

18　星月：《悼袁孟冰楊超等》，《布爾塞維克》，第 23 期。

19　王奇生：《黨員、黨權與黨爭》，上海書店出版社 2003 年版，第 95 頁。

員一九二七年秋冬由五千多人減為一千多人,其中南昌由五百多人減至五十餘人,「九江、吉安為較有基礎的地方,也差不多解體了,其他各地差不多沒有關係了」[20]。全省工會、農會概遭清洗,中等以上學校為防止共產黨人活動奉令一律停辦。

中共中央關於武裝反抗國民黨反動派、發動農民舉行秋收暴動的八七會議精神傳達到江西后,中共江西省委著手準備全省總暴動。中共中央曾指示江西暴動的方式和目標是:「1.馬上奪取鄉縣政權;2.實行中央土地革命政綱;3.盡量殺戮土豪劣紳與反革命派;4.積極參加革命軍對反革命派的軍事戰爭。」[21]但在一九二七年九月五日給江西省委的信中,中央改變了江西全省總暴動的計劃,認為江西農民雖有強烈的革命情緒,但黨的力量還較薄弱,實現全省整個暴動沒有希望,強求整個暴動勢必失敗。因此指示江西省委放棄整個暴動計劃,改為發動局部的零碎的暴動,然後逐步匯合成大的暴動。同時,指示江西的「同志要立刻大批的跑到農民中去」,堅決鬥爭,決不能在嚴峻的形勢面前存在任何猶豫、等待和幻想。這一改變,極大地保護了江西的革命力量。

江西省委「完全接受中央的決議」,並在九月制定出秋收暴動計劃和暴動大綱。暴動計劃指出:「秋暴的意義不是毫無目的

第四章・土地革命與紅色政權的興起

20　《中共中央致江西省委信》,1927 年 9 月 5 日。
21　《中共中央關於湘鄂粵贛四省農民秋收暴動大綱》(1927 年 8 月 3 日),中央檔案館編《中共中央文件選集》第三冊(1927 年),中共中央黨校出版社 1983 年版,第 222 頁。

的騷動，而是要由此更實際的進行土地革命，並深入而且擴大農村的階級鬥爭，建立鄉村農民政權，推翻豪紳地主的統治，肅清鄉村的反動勢力，並借此揭破反動的國民黨中央及國民政府、省政府壓迫民眾的罪惡，進而推翻他們的統治。」該計劃決定，農民是秋暴的主要力量，同時要團結會匪使其與農民一樣成為暴動的主體，動員小商人參加暴動使之成為暴動的助手，爭取「有不小的力量的」鄉村知識分子「誠懇來致力於暴動工作」；以「政治經濟地位較重要而農運較有基礎或已有農軍勢力」為條件，確定「暴動的起點」，即贛北以修水、贛西以永新、贛東以臨川為起點，影響及聯絡鄰縣；派遣得力幹部前往各起點縣，領導暴動並指揮鄰縣。計劃還對農運基礎不同的地方的暴動政策，作出了規定。[22]後來，根據情況的變化，對暴動起點縣有所更改。

從九月到十一月，秋收暴動在一些地方陸續發動，主要有修水暴動、德安暴動、萬安暴動、吉安東固暴動、星子暴動、鄱陽珠湖暴動、泰和三十都暴動、餘干暴動等。其中，以萬安、東固暴動和受到毛澤東領導的工農革命軍帶動的贛西農軍鬥爭影響較大，「贛西農民與農軍，已割據了蓮花、寧岡、泰和三縣城，並作占領萬安、永新、安福等縣城之準備，以為向南發展土地革命之根據地」[23]。多數地方的暴動，則因為十月間江西省委一度被

---

22 《中共江西省委秋收暴動計劃》（1927 年 9 月），中央檔案館、江西省檔案館編《江西革命歷史文件彙集（1927-1928 年）》，1986 年印本，第 19-24 頁。

23 《中共、團江西省委合字通告（第三號）》（1927 年 12 月 3 日），

敵破壞、組織工作受到影響，而未能發動或發動後很快潰散。

2. 全省總暴動的爆發

　　一九二七年十二月到次年春，江西由秋暴開始的武裝暴動，進入一個大規模展延的階段。

　　鑒於此前未能向各地完整傳達中共八七會議精神，也受到廣州起義的巨大鼓舞和中央逐步產生的「左」傾盲動主義的影響，中共江西省委十二月在工作部署上連續出現很大的動作。一是下達《什麼是機會主義與怎樣剷除機會主義》的長篇文件，傳達八七會議精神，指出和批判國民革命後期黨內的右傾機會主義錯誤，提出剷除機會主義、訓練黨員思想、正確發展革命的策略和辦法。同時，先於中央制定《蘇維埃臨時組織法》、《江西蘇維埃臨時政綱》，印發《政治通訊》，宣傳土地革命和工農民主政權的方針政策，號召人民群眾奮起抗爭，改變自己受壓迫受剝削的命運。這些工作效果良好。《布爾什維克》記載說：江西「自共產黨土地革命的宣傳深入鄉村後，一般農民莫不熱烈歡迎此一政策，其革命情緒風起雲湧，實有一觸即發之勢。」[24]

　　二是緊急發佈全省暴動總發動動員令。該動員令指出廣州起義後中國革命進展到一個新的局面，證明豪紳資產階級、國民黨軍閥末日之將至，無產階級、農民的力量可以解決一切。根據這

中央檔案館、江西省檔案館編《江西革命歷史文件彙集（1927-1928年）》，第 104 頁。

24　陽易：《江西軍閥的暗鬥與工農暴動的割據局面》（1928 年 1 月 11日），《布爾什維克》第 15 期。

一對形勢的錯誤判斷，江西省委認為「目前有實行全省總發動的可能與必要」，決定「立即實行大規模的暴動」[25]，命令贛西南特委「以萬安為爆發點，領導廣大的農民群眾及城市中小部分的工人店員，匯合各鄉的工農軍聯合武裝暴動，奪取城市，占領鄉村，馬上形成西南總暴動的割據局面，為江西土地革命的發祥地」；贛北、贛東及其他各地都要實行工農暴動或城市工人罷工。[26]江西省委的這一總暴動計劃，直接源於中共實行武裝暴動、建立蘇維埃政權的決定，也與江西省委過高估計江西革命力量有關——省委還幾次埋怨中央對江西形勢和力量估計不足。但動員令中對贛西南的部署，其後產生了重要的成果。

總動員令下達後，各地開始爆發武裝暴動，但規模與省委設想大有不合。一九二八年二月上旬，省委根據中央關於湘鄂贛三省總暴動的決定，再次發出全省總暴動的指令。省委將全省份為西南、西北、東北、贛東、南潯路五個暴動區（含近 50 個縣），計劃以贛西南區為全省總暴動的爆發點，贛東北、贛西北、贛東區繼而響應，然後聯合向南昌、南潯路及九江進展，「推翻江西反動統治的巢穴，完成全省總暴動」[27]。這個總暴動計劃是前一

25　《中共江西省委關於近周政治報告》（1927 年 12 月 21 日），中央檔案館、江西省檔案館編《江西革命歷史文件彙集（1927 年-1928 年）》，第 138 頁。

26　《江西省委緊急通告全省總發動動員令》（1927 年 12 月 21 日），江西省軍區黨史資料徵集辦公室編《江西革命暴動（1927.8-1928.6）》，第 264-267 頁。

27　《江西全省總暴動的準備工作計劃江西黨的目前政治任務》（1928

動員令的繼續，既有可行的內容，也有脫離實際和冒險的成分。在暴動建立工農政權的目標下，各地黨組織帶領工農群眾奮勇鬥爭，於一九二七年底尤其是一九二八年春掀起一個武裝暴動高潮。

武裝暴動重點在贛東、贛西和贛南展開。主要有：方志敏、邵式平、黃道、吳先民等領導的弋陽、橫峰暴動，曾天宇、汪群、張世熙等領導的萬安、泰和暴動，賴經邦、李文林、郭延祿、胡海等領導的東固、延福暴動，羅貴波、藍廣孚等領導的南康潭口暴動，鄧貞謙等領導的萍鄉上栗市暴動，黃世秦、賴傳珠、鍾正泉等領導的贛縣大埠暴動，叢允中、蕭風鳴、郭一清等領導的信豐暴動，蕭韶、丘倜等領導的于都暴動，劉維爐、古柏等領導的尋烏暴動，曾山、周冕等領導的吉安官田暴動，陳奇涵、鍾循仁等領導的興國暴動，陳金泉、劉國興等領導的瑞金武陽暴動，吳江、嚴玉如、詹天龍等領導的永豐暴動，等等。這些暴動的共同特點是：暴動是中共各級負責人員深入農村，經過比較認真的準備有組織地發動的；暴動以土地革命和工農民主政權為旗幟，目標十分明確；在暴動過程中一般建立了革命武裝，有的隨後成為工農革命軍、紅軍，如贛東北的紅十軍、贛西南的紅二、四團等；暴動失敗後，都轉入農村游擊戰爭，以井岡山為榜樣進行武裝割據，建立了政權和根據地，其中突出者如贛東北和

年 2 月 9 日），江西省軍區黨史資料徵集辦公室編《江西革命暴動（1927.8-1928.6）》，第 274 頁。

贛西東固，後來分別被毛澤東稱之為「方志敏式」和「李文林式」的革命根據地。萬安也因建立了江西第一個縣工農政權，而在共產國際備受讚譽。

暴動造成了「江西的農村起義比哪一省都要普遍，紅軍游擊隊比哪一省都要多」[28]的形勢。這一形勢出現的原因，除了江西省委的組織以及如毛澤東所指出的江西經濟主要是封建經濟、地主武裝較弱，沒有本省的軍隊和距離帝國主義的影響較遠一點等外，還須看到國民革命時期江西農民運動打下的紮實的基礎，汪精衛集團叛變前幾天，在毛澤東主辦的武漢農民運動講習所學習的一百五十名江西籍學生返贛，被分配到全省二十八個縣，方志敏主辦的江西全省農運短訓班的學員同時返回各縣，他們成為各地農運和武裝鬥爭的組織領導者。毛澤東領導的湘贛邊界秋收起義和井岡山鬥爭，也直接帶動了贛西的農民暴動，並給贛南乃至全省以極大的影響、推動和支援。全省農村武裝暴動的組織與發動，為其後江西成為中共領導土地革命戰爭的大本營奠定了基礎。

---

28 毛澤東：《星星之火，可以燎原》（1930 年 1 月 5 日），《毛澤東選集》第一卷，人民出版社 1991 年版，第 106 頁。

第二節 ▶ 革命根據地的創建與土地革命的展開

一 井岡山的鬥爭

古城會議初步確定了在井岡山建立革命根據地的決策後，毛澤東率工農革命軍於一九二七年十月七日進抵茅坪（27 日到達茨坪），進一步確定以這裡為落腳點，開始了創建中國革命第一個農村根據地——井岡山革命根據地的鬥爭。

毛澤東等決定在井岡山創建根據地而放棄南下湘南計劃，根本原因是這裡具備營建根據地的良好條件。井岡山位於坐落在湘贛兩省邊陲的羅霄山脈中段，這一地區大致包括江西的寧岡、永新、蓮花、遂川和湖南的茶陵、酃縣等六個縣。各縣在國民革命時期均曾建立中共組織和農民協會，有經營了一年多的群眾基礎；有一批學生出身，經受過五四運動和國民革命鍛鍊後返鄉從事革命活動的中共年輕幹部；有袁文才、王佐等這樣難得的、富有鬥爭經驗的地方武裝；有很好的軍事根據地，地勢險要，易守難攻，周圍的農業經濟也能夠籌集部隊的給養；地處湘贛兩省敵人統治的薄弱環節，而在政治意義上又能夠影響湘贛兩省及兩省的下游。因此，毛澤東等走遍了整個羅霄山脈，比較之下，認定「以寧岡為中心的羅霄山脈的中段，最利於我們的軍事割據」[29]。

29　毛澤東：《井岡山的鬥爭》（1928 年 11 月 25 日），《毛澤東選集》第一卷，第 79 頁。

　　以毛澤東為書記的前敵委員會，從建黨、建政和建軍三方面著手，開創工農武裝割據局面，營建井岡山革命根據地。在建黨方面，針對馬日事變後各縣黨組織多數遭到破壞的情況，相繼恢復、整頓和發展了各縣黨的組織。在建政方面，一九二七年十一月打下茶陵縣城，成立了以譚震林為主席的邊界第一個紅色政權——茶陵縣工農兵政府。其後，遂川、寧岡縣以及各區、鄉工農民主政權相繼成立。在軍隊建設上，注重政治教育和無產階級思想的領導，正確處理軍民關係、軍政關係、軍隊內部關係以及爭取敵軍等問題，確定打仗消滅敵人、打土豪籌款子、做群眾工作為部隊的三大任務，並制定出部隊的三大紀律、六項注意[30]，改造和組建了能夠有力配合正規軍作戰的地方武裝。到一九二八年二月，井岡山革命根據地的建設初具規模。[31]

　　一九二八年四月二十四日前後，一件在中國革命史上富有重大意義的事情在寧岡礱市發生，這就是朱德、陳毅率領的南昌起義餘部在發動湘南起義後來到寧岡，與毛澤東率領的工農革命軍勝利會師。兩軍會師後，部隊由二千人增加到一萬多人，合編成立工農革命軍第四軍（6月改稱中國工農紅軍第四軍），毛澤東任黨代表和軍委書記，朱德任軍長，王爾琢任參謀長。在此後一個較長時期內，「朱毛紅軍」成為人民軍隊的代名詞，是使用頻

30　不久發展成為三大紀律、八項注意成為人民軍隊正確處理軍民、軍政和軍隊內部關係的基本規範。

31　參見余伯流、陳鋼《井岡山革命根據地全史》，江西人民出版社 1998年版，第 158 頁。

・1929年初拍攝的井岡山革命根據地荊竹山要隘（《中國人民解放軍歷史圖片選集》）

率極高的詞彙。

　　兩軍會師後，井岡山革命根據地的建設進入全盛時期。毛澤東等致力於在最短的期間內建設一個黨與民眾的堅實基礎，先後成立了邊界黨政最高領導機關中共湘贛邊界特委和湘贛邊界工農兵蘇維埃政府，「邊界黨及群眾組織皆大大發展，寧岡、永新及蓮花之一部皆按人口平均分配了田地，各級成立了蘇維埃政府」，各縣成立了赤衛隊。[32]還根據各地土地革命的實踐總結制

32　《陳毅同志關於朱毛軍的歷史及其狀況的報告》（1929年9月1日），江西省檔案館編《井岡山革命根據地史料選編》，江西人民出版社1986年版，第177頁。

定了著名的《井岡山土地法》。軍隊內部實行官兵平等的民主制度，「群眾及敵兵俘虜初初看見鼎鼎大名的四軍軍長那樣芒鞋草履、十分襤褸，莫不詫異」，以為是一個伙伕頭，以致於「伙伕頭」成了朱德軍長的綽號。[33]部隊戰鬥力大大增強，並在反「圍剿」作戰中形成了對游擊戰爭具有重要指導作用的十六字訣。全盛時期的根據地，擁有寧岡、永新、蓮花三個全縣和遂川、吉安、安福、酃縣各縣的一部分，面積七千二百平方公里，人口五十多萬。

井岡山的鬥爭經歷了多方面的艱難和險阻。其一，國民黨軍的連續進攻。工農武裝割據「促起統治階級豪紳地主的恐慌，引為心腹大患，不惜竭力和我們為難，於是一次會剿以至二次三次會剿，一幕一幕的演來」[34]。進攻井岡山的軍隊，既有湘贛兩省的正規軍，經常的有八九個團，最多時達十五團之眾，也有各縣的保安隊和地主武裝，人數約有二千左右。其二，物質生活的困苦。陳毅說，九月以後，紅軍衣履飲食非常困難，叢山積雪不化，官兵單衣禦寒，日食紅米南瓜，遭遇「空前的艱難」。紅米飯、南瓜湯、秋茄子和稻草「金絲被」，以及「打倒資本家，天天吃南瓜」的詼諧調侃，成為艱難生活的寫照。其三，黨內「左」傾錯誤指導的影響。主要來自湖南省委的兩次錯誤指令，

33　《陳毅同志關於朱毛軍的歷史及其狀況的報告》（1929 年 9 月 1 日），江西省檔案館編《井岡山革命根據地史料選編》，第 182 頁。

34　《楊克敏關於湘贛邊革命根據地情況的綜合報告》（1929 年 2 月 25日），江西省檔案館編《井岡山革命根據地史料選編》，第 110 頁。

分別導致了井岡山鬥爭中的「三月失敗」和「八月失敗」，由湘南農軍為主組建的第二十九團的潰散、優秀指揮員王爾琢的犧牲和敵人進入根據地的殘酷報復。面對艱難和殘酷，毛澤東、朱德等率領軍民團結奮鬥，條件困難但「官兵奮鬥精神並不低減」，連續取得永新龍源口大捷和黃洋界保衛戰的勝利，多次粉碎江西敵軍和湘贛兩省聯軍的「進剿」，收復邊界大部分失地，「不費紅軍三分力，打敗江西兩隻羊」[35]是當時群眾讚揚紅軍的流行語。

　　井岡山的鬥爭為毛澤東深入思考中國革命的道路和戰略策略提供了實踐基礎。在基本恢復八月失敗中失去的根據地後，毛澤東系統總結鬥爭的經驗和教訓，相繼寫下《中國的紅色政權為什麼能夠存在？》和《井岡山的鬥爭》，深刻論證中國工農紅軍和紅色政權能夠存在和發展的問題，明確形成了「工農武裝割據」的重要思想及其發展戰略策略，再次有力地回答了部分同志中存在的「紅旗到底打得多久」的疑問。這些理論概括和井岡山的鬥爭經驗，成為毛澤東創建中國革命道路理論的重要開端，並被中共中央先後介紹給各地紅軍和根據地，對推動土地革命的進程和確立以農村為工作中心的思想，產生了重要的影響。井岡山的鬥爭和毛澤東的理論總結，代表了中國革命的正確方向。

　　一九二八年十二月，彭德懷、滕代遠率領在平江起義中組建

35　此為陳毅報告中的話，兩隻羊指江西敵軍的兩個師長楊池生、楊如軒。

的紅五軍七百多人，進入井岡山革命根據地，在寧岡新城與紅四軍會師。「兩軍的會合，進一步加強了井岡山的武裝鬥爭力量，成為全國各根據地中人數最多、戰鬥力最強的一支紅軍。」[36]但這時，因為敵人的長期封鎖，井岡山的經濟危機更形加劇，國民黨當局組織起更大規模的五路進攻，井岡山革命根據地面臨更為嚴峻的形勢。一九二九年一月四至七日，前委書記毛澤東在寧岡柏路村主持召開軍隊和地方黨六十餘負責人的聯席會議，傳達中共六大精神，討論應對時局的問題。會議經爭論後認為，軍隊和地方的黨「都要積極起來，打破猶移不堅決與避免鬥爭的不正確的觀念」，建立積極的而不是消極保守邊界政權的應敵政策，決定紅四軍、五軍合編，五軍暫編為四軍的第三十團，彭德懷任四軍副軍長兼三十團團長，滕代遠任四軍副黨代表兼三十團黨代表，彭、滕率三十團及王佐為團長的三十二團防守井岡山；紅四軍大部出擊贛南，實行圍魏救趙、影響邊界以解井岡山之圍的計劃。[37]會間，毛澤東還曾召集小型會議，針對中共六大決議中有關「殺戮土匪首領」的內容，作出不殺袁文才、王佐的決定。[38]十四日，毛澤東、朱德率紅四軍主力三千六百餘人下山向贛南進發。彭德懷等率部在強敵進攻下堅守井岡山，一月底經激戰數日

36　金沖及主編《毛澤東傳（1983-1949）》（上），第188頁。

37　《楊克敏關於湘贛邊革命根據地情況的綜合報告》（1929年2月25日），江西省檔案館編《井岡山革命根據地史料選編》，第130頁。

38　余伯流、陳鋼：《井岡山革命根據地全史》，江西人民出版社1998年版，第400頁。

・毛澤東與參加井岡山鬥爭的部分同志在抗戰初期的合影。一排左起：宋裕和、譚冠三、譚政、滕代遠、蕭克、林彪、毛澤東、高自立、何長工、曾玉、歐陽毅；二排左起：胡友才、孫開楚、謝漢文、江華、朱良才、吳溉之、李壽軒、劉勝生、張際春、李克如、韓偉、龍開富、譚希林、劉型、陳伯鈞、張令彬；三排左起：徐日文、曹裡懷（《中國人民解放軍 70 年圖集》）

終至寡不敵眾，被迫突圍，井岡山革命根據地是以喪失[39]。

二 東固「李文林式」的武裝割據

　　賴經邦、段月泉（起鳳）領導東固暴動取得勝利後，一九二

39　《彭德懷致中共中央的信》（1929 年 4 月 4 日）中指出：井岡山失敗的原因是「部隊複雜，指揮不統一，兵力單薄（一與二十比），晝夜出兵，得不到休息，子彈缺乏，然敵人此次會剿有決心，有計劃，懸重賞，比如得我們一支槍三十元，其兵前仆後繼的攻擊」。

七年十一月下旬率暴動隊伍從吉安富田返回東固，開始營建東固革命根據地。東固位於吉安、吉水、永豐、泰和、興國等五縣交界處，距各縣城均有五十餘公里，全境崇山峻嶺，外有鐘鼓山、大烏山、白雲山、九寸嶺等大山包圍，內以養軍山為腹地，僅有五條小道通往山外，地勢十分險要，山中土地肥沃，物產豐富，具有創建革命根據地的良好條件。[40]

一九二八年二月，以高克念為書記的中共東龍區委在東固成立；中共贛西特委將東固、永豐、吉水的游擊隊合編，組建江西工農革命軍第三師第七縱隊，以賴經邦為黨代表，吳江為縱隊長，東固由此有了比較正規的武裝力量。隨後，特委將吉安延福的第九縱隊調到東固，成立第七、九縱隊總指揮部，由江西省委派來的葉天雷任總指揮，詹天龍任黨代表，賴經邦任參謀長（七縱隊隊長段月泉，黨代表詹天龍兼；九縱隊隊長李韶九，黨代表金萬邦）。七、九縱隊不斷向外發展，很快打開以東固為軸心的永豐、興國、于都三縣交界處的割據局面。同時，在東固地區先後建立了擁有四千餘會員的二十四個鄉村的農民協會，由江西省委直接領導的贛西南行動委員會也於五月在東固成立，東固革命根據地基本形成。

東固革命根據地是完全由當地接受了馬克思主義的青年知識分子創建的。因此，朱德等進入東固後，「發現當地共產黨領導

40　中共吉安縣委黨史辦：《東固革命根據地概述》，《江西黨史資料》第
　　10輯，1989年印行，第1頁。

人中間有個很特別的現象。這些人乃是地主的兒子，有的甚至本身就是地主，但大部分都年輕，受過教育，在大革命時期擔負過重要工作，而且就在那時參加了共產黨。有幾個還是黃埔軍校畢業生，其中有一個是該校的教官。他們全都參加過南昌起義，起義後便回到東固家鄉，開展土地革命」[41]。這一現象，既是東固的重要特點，也比較普遍地存在於整個贛西南革命地區。

在粉碎以吉安縣縣長鄒松為總指揮的「五縣會剿」之後，贛西特委將七、九縱隊合編為江西工農紅軍獨立第二團。紅二團在團委書記兼團長李文林[42]、副團長段月泉等率領下，出擊峽江、永豐、樂安、興國等地，策應井岡山革命根據地反擊湘贛敵軍的「會剿」，連續攻占樂安、興國縣城。後又分出一部與贛南紅軍第十五、十六縱隊合編為紅四團，段月泉任團長，金萬邦任團委書記。紅二、四團成為贛西地方革命鬥爭的主力軍，為擴展東固

---

41 〔美〕艾格妮絲・史沫特萊著、梅念譯《偉大的道路——朱德的生平和時代》，三聯書店 1979 年版，第 279 頁。

42 李文林（1900-1932 年），江西吉水人。原名周金堂，曾用名周郁文。出身地主家庭。早年在南昌讀書時接受革命思想，投身國民革命。1926 年加入中國共產黨，就讀於黃埔軍校。畢業後任國民革命軍朱德部軍事教官，參加八一南昌起義。奉派返贛西開展武裝鬥爭，任中共贛西特委委員兼秘書長，江西紅軍獨立第二團團委書記兼團長，參與領導東固和贛西的工農武裝割據和土地革命。1930 年任紅四軍前委委員，贛西南特委常委兼軍委書記，江西省行動委員會書記，江西省蘇維埃政府委員，接受並堅決執行李立三「左」傾冒險主義。同年底被錯認為 AB 團首領遭扣押。中共蘇區中央局成立後，一度被派往萬（安）泰（和）縣河東區委工作，不久仍被拘審查。1932 年 5 月 30 日被當作「重要 AB 團團犯」在萬泰縣古坪村遭錯殺。

和贛西南的武裝割據發揮了重要作用。根據地的建設在地方紅軍的支撐下得到很大發展，先後改建了中共東固區委，建立了各種工廠、東固平民銀行、消費合作社、平民小學、列寧小學、紅軍醫院、赤色郵政分局等，發行了江西工農政權的第一張紙幣並對國統區的金融產生巨大的衝擊。

・方志敏、邵式平、黃道三人合影照（樊賓攝於弋陽方志敏列士紀念館）

農民協會則發揮著政權的作用。到一九二九年二月，根據地範圍已擴大到東西從永豐沙溪到吉安陂下三十四公里、南北從興國崇賢到吉水白水六十公里的穩定區域，並開闢有包括周邊縣區的一大片游擊區，「東固革命根據地進入全盛時期」[43]。

毛澤東對東固給予了很高的評價。他比較不少邊界割據失敗的情形時指出：「東固則另是一種形式。反動勢力已驅逐了，權利完全是我們的，但公開的政權機關和固定的赤衛隊都沒有。郵路是照常的，商業貿易是照常的，邊界所受到的痛苦此地完全沒有，敵軍到來尋不到目標，黨的組織和群眾的組織（農民協會）

---

43 中共吉安縣委黨史辦：《東固革命根據地概述》，《江西黨史資料》第10輯，第15頁。

完全祕密著，在接近總暴動之前，這種形式是最好的，因為這種組織取得群眾不致失掉群眾。武裝群眾不是守土的赤衛隊而是游擊隊，由二十五支槍起手的七九兩縱隊，現改為江西紅軍獨立第二團，差不多抵得上四軍的三十一團了，他的戰術是飄忽不定的游擊，游擊的區域是很寬的……他們消滅了許多靖衛隊團，打敗了三十六旅的二十七團。他們經常是一角五分一天士兵伙食，從不發生經濟問題。他們與省委特委的關係很密切，交通也方便，敵人完全奈何他們不得。用這種方法，游擊區域可以很廣，即是說發動群眾的地點可以很多，可以在許多地方建立黨和群眾的祕密組織。」[44]因此，毛澤東將東固稱之為「李文林式」的根據地，而與朱德毛澤東式、賀龍式、方志敏式的根據地相提並論。東固是一個富有許多獨特色彩的革命根據地。

一九二九年二月，毛澤東、朱德、陳毅率從井岡山下山後轉戰贛南的紅四軍進入東固。二十日，紅四軍與紅二、四團在東固螺坑舉行會師大會。陳毅寫詩描述當時情景：「東固山勢高，峰巒如屏障。此是東井岡，會師天下壯。」東固會師，使疲於奔波的紅四軍得到休整和大量物資補充，並獲得井岡山失守的消息，取得了與中共贛南特委的聯繫，安置了三百餘傷病員，從而對緊接著開創中央革命根據地富有重要意義。隨後，紅四軍留下毛澤

44　《中共湘贛邊界特委報告（第二號）》（1929 年 6 月 6 日），江西省檔案館選編《湘贛革命根據地史料選編》，上，江西人民出版社 1984 年版，第 22 頁。

覃、謝唯俊、陳東日、李天柱等一批幹部,他們對東固根據地的鞏固和發展發揮了積極作用。其後,東固建立區蘇維埃政府,按人口「搭匀來」平分了土地。一九二九年十一月以曾山為主席的贛西蘇維埃政府成立後,東固成為贛西革命根據地的一部分(後被劃入中央根據地),獨立的東固根據地遂不再存在。

三 贛東北革命根據地的開闢與建設

國民革命失敗後,江西黨團組織的重要領導人方志敏、邵式平、黃道等返回家鄉,搞來十餘支槍,動員組織農民,領導舉行了弋陽、橫峰武裝暴動。隨後,他們組建工農革命軍開展游擊戰爭,並在中共江西省委特派員饒漱石、馮任幫助下,建立弋橫兩縣黨組織和蘇維埃政府,創建了以磨盤山為中心的弋橫根據地。

方志敏在談到為什麼重起爐灶進行土地革命時說,共產黨員為國民革命儘力、流血和犧牲,不可謂不多,卻遭到血腥的清黨、捕殺。他是一個馬克思主義篤誠的信仰者,相信中國革命的復興必然到來並一定得到最後的勝利,失敗是暫時的,要「重起爐灶,再來幹吧!」因此,當他聽到中共中央決定秋收暴動、土地革命的策略後,「好不滿心歡喜」,遂疾速組織暴動,「開始進行土地革命的鬥爭了」[45]。這是對革命發生原因的一個客觀真實的解釋。

---

45 《我從事革命鬥爭的略述》(1935 年 3 月),《方志敏文媒》,江西人民出版社 1999 年版,第 32-35 頁。

弋橫革命根據地的建立，引來統治當局組織的正規軍與七縣地主武裝在一九二八年五月的第一次聯合進攻。弱小的工農革命軍「經不住戰鬥」，步步退縮到磨盤山，鄉村受到摧殘，內部人心不穩，形勢一時十分危急，「大有塌台現象」。六月二十五日，方志敏在弋橫交界的方勝峰召開幹部會議，商討對策。會議最終否定了少數人埋槍隱蔽或把隊伍拖入白區的意見，決定集中力量擊敵最弱一路、動員群眾和派黃道等開闢貴溪新區。方勝峰會議具有重要的轉折意義，「是贛東北由弋橫小塊割據區域的游擊鬥爭，轉變到創造紅軍和蘇維埃根據地的關鍵」[46]。會後，革命軍一舉擊破金雞山一路敵軍，組建工農紅軍第十四團（不久編為江西紅軍獨立第一團，由巡視員周建屏任團長）。紅軍乘勝擴大進攻，開闢新區，分配土地，後又連續多次打破敵軍「進剿」。有報導說：「贛東共魁方志敏猖獗異常，……各縣靖衛隊因眾寡不敵，曾被其包圍，損失大半，德興縣城，危在旦夕。」[47]到一九二九年下半年，新開闢的貴溪、餘江、萬年等地，與弋陽、橫峰、德興的大部和上饒西北一部比較鞏固的根據地連成一片。十月，在弋陽九區成立以方志敏為主席的信江蘇維埃政府（3月成立了中共信江特委，唐在剛任書記），頒佈了包括土地、經濟、文化等法令內容的《施政綱領》。原先的小塊區域至此擴大成為

46　夏道漢、陳立明：《江西蘇區史》，江西人民出版社 1987 年版，第156 頁。

47　《贛東共匪依然猖獗》，上海《民國日報》，1928 年 10 月 31 日。

包括八個縣蘇維埃政府的信江革命根據地。

一九三〇年爆發的新軍閥混戰,為根據地的發展創造了有利的條件。七月上旬,紅一團攻占景德鎮,隊伍擴大到四千餘人。中旬,擴編成立紅十軍,周建屏任軍長,吳先民代理政委(後邵式平),胡庭銓為前委書記。中共中央同時決定將閩北劃入贛東北,改組成立了領導機構中共贛東北特委,八月一日召開的贛東北工農兵代表大會,選舉產生了以方志敏為主席的贛東北革命委員會,由信江、閩北組成的贛東北根據地正式形成。這時,李立三主持的中共中央命令紅十軍進攻九江。紅十軍遠離根據地,游擊于都昌、湖口、鄱陽、彭澤和皖南地區,擴大了革命的影響,但閩北和上饒、橫峰地區被敵軍占領。繼粉碎國民黨軍對贛東北革命根據地的第一次大規模「圍剿」後,一九三一年二月,贛東北特委等黨政軍領導機構遷駐葛源。九月,在葛源成立了以萬永誠為書記的中共贛東北省委。十一月以方志敏為主席的贛東北省蘇維埃政府也在葛源成立。葛源成為贛東北根據地的首府。它是位於橫峰縣境內的一個大鎮,南經鉛山以通閩北崇安,西由弋陽以出信河,東接玉山、上饒及浙江,北鄰德興並通婺源、安徽祁門,地勢險要,易守難攻。國民黨《中央週報》第三四〇期載文說,方志敏等在此創建根據地,重要機關均設於此,數年間,「贛東、閩北、浙西、皖南之共黨,均以葛源為指揮中心」,因此,「葛源在此三省邊界之重要性,猶中共贛粵閩邊區之瑞金」[48]。此後,贛東北根據地的發展開始進入興盛時期。一九三

48　《中華民國史事紀要》,1934 年 11 月 28 日。

・部分參加閩浙贛革命根據地鬥爭者在延安合影。前排左起：第二
人邵式平，第三人樂少華，第四人周建屏。後排左起：第一人吳
克華，第二人劉型。（《中國人民解放軍歷史圖片選集》）

二年底，贛東北省委、省蘇政府和省革命軍事委員會，相繼改稱
為以萬永誠為書記的閩浙贛省委、以方志敏為主席的閩浙贛省蘇
政府和唐在剛任總指揮的閩浙贛省軍區，紅十軍擴編為第十、十
一兩個軍。革命根據地以土地革命為中心的政治、經濟、軍事和
文化等各項建設，富有生氣和創造，被毛澤東譽為「模範省」。

　　贛東北革命根據地的創建富有鮮明的特點，曾被毛澤東稱之
為「方志敏式」的根據地。首先，這一根據地完全是由當地知識
分子與農民群眾相結合創建的。方志敏、邵式平、黃道、吳先
民、鄒琦、鄒秀峰、方志純等一大批根據地的創建者，都是贛東
北人，熟悉地方情況，特別是他們或就讀於北京師大、北京工業
大學、九江南偉烈學校等高、中等學校，或畢業於黃埔軍校，是

當時各地創建根據地時較為獨特的富有較高知識背景的一群人士，又多是江西國民革命時期國共兩黨組織的創建者或領導者，很早即富有社會聲望。這些條件，成為贛東北革命發生和成功創建革命根據地的深刻原因，也為贛東北的土地革命打上了深深的知識烙印。第二，支撐革命根據地創建和發展的武裝力量，完全是當地農民武裝。他們經歷了向工農革命軍和紅軍的成長提升，創造了一套適合當地特點的戰略戰術[49]，逐漸鍛鍊成為被稱為紅十軍的一支富有戰鬥力的人民軍隊，不但為贛東北而且為中央革命根據地的鬥爭作出了重要的貢獻。第三，根據地的建設和發展，典型地表現出有根據地的，有計劃地建設政權的，深入土地革命的，波浪式地向前擴大的等特點，由弋橫而信江，由信江而贛東北，由贛東北而閩浙贛，逐次擴大，步步發展，富有創造精神。

四　湘鄂贛革命根據地的建立與發展

在湘鄂贛秋收起義和農民暴動的基礎上，一九二八年一月成立了中共湘鄂贛邊特委，領導三省邊界十二個縣的工作。七月，新任書記滕代遠到平江恢復遭到破壞的特委工作，與駐軍團長、

49　《中共信江特委關於黨和紅軍情況的報告》（1930 年 6 月 8 日）歸納為扎口子，誘敵出來、埋伏截擊，避實擊虛，黑夜擾敵，截擊交通及糧食，圍魏救趙，有時分散、有時集中等 7 種（中共福建省委黨史研究室等編《閩浙皖贛革命根據地》，中共黨史出版社 1991 年版，第 150 頁）。

中共黨員彭德懷等取得聯繫，發動平江起義。起義部隊改編為紅五軍，彭德懷任軍長，滕代遠任黨代表。其後，彭、滕率紅五軍的四、五縱隊去井岡山與紅四軍會合，黃公略率一、二、三縱隊留下開展游擊戰爭，與不久改組成立的以王首道為書記的中共湘鄂贛邊境特委、以賴汝樵為主席的湘鄂贛邊境暴動委員會，領導開創湘鄂贛三省邊境的武裝割據。

三省邊境地處山區，會黨組織勢力較大，萍鄉、袁州（今宜春）地區「文化較高，地主收租亦特利〔厲〕害」，銅鼓、萬載、宜豐等地是崇山峻嶺，田少山多、盛產紙張等，但工人工資低而工時長，地主「普遍收租利在百分之六十以上，因之工農生活非常簡單，並極貧困」，加上秋收起義以來中共組織的工作，因此「贛北修水、銅鼓、萬載、萍鄉、袁州、宜豐等縣民眾要求革命非常迫切」[50]。湘東、鄂南幾縣情況與此相似。它們構成土地革命的重要基礎，也是湘鄂贛割據局面迅速開展的重要原因。

一九二九年六七月，邊區遭到三省國民黨軍五個團和七縣地主武裝的嚴重進攻與燒殺，「敵人對於蘇維埃區域是見人就殺，見屋就燒，邊境在這種燒殺政策之下的犧牲者達三萬以上，房屋被燒五萬餘棟，流徙逃亡的民眾達十數萬，赤色割據區房無完舍，十室十空，田園荒蕪，人民無衣無食，種種慘狀不堪言

50　《中國工農紅軍第五軍軍委給湖南省委的報告》（1929 年），湖南、湖北、江西省檔案館等編《湘鄂贛革命根據地文獻資料》第一輯，人民出版社 1985 年版，第 251 頁。

說」[51]。八月，彭德懷率部從贛南返回萬載、平江，運用一套「良好戰術」擊退國民黨軍「會剿」，由李燦、何長工率五縱隊進軍鄂東南，重新打開了湘鄂贛革命根據地的革命局面。十月，以平江、瀏陽、修水、銅鼓、萬載游擊隊為基礎組編紅軍獨立師，成立「湘鄂贛邊革命委員會」的政權組織，頒佈了政治、經濟、文化和土地政綱，並在五縣普遍分配土地，開展土地革命。到年底，根據地發展到平、瀏、修、銅、萬和鄂東南的通城、通山、陽新、大冶等縣，武寧、宜豐、宜春、萍鄉等地也加入了鬥爭，湘鄂贛革命根據地至此初步形成。[52]

根據地在一九三〇年得到較大發展。紅五軍利用國民黨軍閥大戰的機會，相繼攻占宜春、萬載、平江、修水、瀏陽等縣城，支撐了湘鄂贛邊特委組織的邊界紅五月總暴動。六月，部隊在大冶擴增第八軍，成立以彭德懷為總指揮、滕代遠任政委的紅三軍團。隨後，紅三軍團未執行李立三主持的中共中央進攻武漢的命令，改向湘東，連續攻占咸寧、通城和岳陽，返抵平江。七月二十七日，擊敗湖南來攻之敵，乘勢攻占湖南省會長沙，造成震驚中外的巨大影響。八月下旬，在瀏陽永和與從江西前來的紅一軍團會合，共組紅一方面軍。此後，紅三軍團隨紅一方面軍行動，離開了湘鄂贛革命根據地。湘鄂贛革命根據地以獨立師為基礎，

51　《湘鄂贛邊特委給湖南省委的報告》（1930 年 1 月 28 日），《湘鄂贛革命根據地文獻資料》第一輯，第 280 頁。

52　夏道漢、陳立明：《江西蘇區史》，江西人民出版社 1987 年版，第 178 頁。

組建了紅十六軍，以胡一鳴為軍長，黃志竟為政委。該軍和不久組建的三個獨立師（其中獨立第二師由贛西北各縣地方武裝升編），成為湘鄂贛革命根據地的主力紅軍。

在一個較長的時期內，湘鄂贛革命根據地因其地理位置受到特別的重視。由於它處於「湘鄂贛三省政治中心的長沙、武昌、漢口、南昌、長武路、南潯路、湘江、贛江包圍之中，因此他在政治上、軍事上、交通上均占有極重要的地位」，既是三省的樞紐，也是勾通贛西南、鄂豫皖、湘鄂西三大革命根據地的鎖鏈，對將「三省革命根據地打成一片」具有特殊意義[53]，因此中共中央曾有將贛西南與湘鄂贛兩革命根據地聯合建成中央革命根據地的計劃。後來雖因兩地聯繫未能打通而未果，湘鄂贛仍為一塊單獨的革命根據地，但在中共中央爭取一省數省首先勝利的設想中，湘鄂贛革命根據地仍被寄予很高的期望。

圍困和「進剿」湘鄂贛革命根據地的國民黨軍，經常在四十個團左右。經過一九三○年冬到一九三一年秋連續三次反「圍剿」戰爭的勝利，湘鄂贛革命根據地得到擴大和鞏固，先後建立了三省邊境二十餘縣蘇維埃政權（江西部分有修水、銅鼓、萬載、宜（春）萍（鄉）、宜豐、瑞昌、武寧等縣，還發展到高安、奉新等地鄉村）。一九三一年七月，在瀏陽成立了以李宗白為書記的中共湘鄂贛省委；九月召開全省第一次工農兵代表大

53　《中共湘鄂贛省委第一次執委擴大會決議案》（1931 年 8 月 30 日），《湘鄂贛革命根據地文獻資料》第一輯，第 580 頁。

・萬載仙源中共湘鄂贛省委舊址（樊賓攝）

會，選舉產生了以賴汝樵為主席的省蘇政府，駐平江長壽街。省委和省蘇政府的成立，也標誌著湘鄂贛革命根據地正式成立。

　　中共蘇區中央局認為，湘鄂贛革命根據地在這幾年中，擊退了敵人的進攻，分配了土地，建立了蘇維埃政權，尤其是在幾次革命戰爭中，根據地紅軍和群眾以英勇鬥爭「牽制了很大數量的白軍，這對中央區的勝利確實有很大的幫助」[54]。湘鄂贛革命根據地成為中央革命根據地的重要側翼。一九三二年初，中共蘇區

54　《中共蘇區中央局致湘鄂贛省委的信》（1932 年 1 月 20 日），《湘鄂贛革命根據地文獻資料》第二輯，人民出版社 1986 年版，第 1 頁。

中央局實施爭取江西一省首先勝利的戰略，期望湘贛、湘鄂贛根據地與中央根據地打成一片，形成更為廣大的革命根據地，因此要求湘鄂贛革命根據地將其中心區域由平瀏轉移到銅鼓、萬載地區，萬載仙源其後成為湘鄂贛省委、省蘇政府和省軍區（1932年春成立，孔荷寵任司令員，新任省委書記林瑞笙兼政委）所在地。

五　中央革命根據地的創建

一九二九年一月十四日，毛澤東、朱德等率紅四軍離開井岡山，進軍贛南，實際開始了創建中央革命根據地的歷程。

紅四軍與緊躡其後的五團追兵多次接觸，經大余、信豐、安遠、尋烏且戰且退，陷於「最困苦」和「疲敗」的狀態。二月十一日在瑞金大柏地打敗追兵劉士毅部兩個團，進入東固根據地，與江西紅軍二、四團會合併得到休整。在得知井岡山革命根據地已經失守後，決定拋棄在固定區域公開割據的政策，「而採取變定不居的游擊政策（打圈子政策），以對付敵人之跟蹤窮追政策」[55]，離開東固經永豐、樂安、廣昌、石城、瑞金進入閩西汀州（長汀），擊潰閩西軍閥郭鳳鳴部兩個團。三月十四日，毛澤東主持在長汀召開紅四軍前委擴大會議。會議根據蔣桂軍閥戰爭

55　前委致福建省委並轉中央的報告關於四軍攻克汀州城及獨立團的情況》（1929年3月20日），井岡山革命根據地黨史資料徵集編研協作小組等編《井岡山革命根據地》（上），第291頁。

的時局和贛南閩西的情況，討論紅四軍、五軍和江西紅二、四團的行動方針，決定「以贛南閩西二十餘縣為範圍，以游擊戰術，從發動群眾以致於公開蘇維埃政權割據。由此割據區域，以與湘贛邊界之割據區域相連接」。前委要求中共中央「決須確立」這一在贛南閩西由發動群眾到公開割據的計劃，以便建立「前進的基礎」。這次會議首次確定了在贛南閩西開創大片革命根據地的正確決策，對其後形成大的局面具有重要的戰略意義。

紅四軍隨即回師贛南。四月一日，在瑞金與從井岡山突圍而來的彭德懷紅五軍會合。五日，毛澤東在瑞金回覆中共中央的二月來信，不同意把部隊分得很小、散到農村和朱、毛離開隊伍速去中央工作的指示，進一步闡述了「爭取江西」的戰略計劃。毛澤東分析南方數省的形勢，認為粵湘買辦地主的軍力太大，湘省更因黨的盲動主義錯誤，黨內黨外群眾幾乎失盡。而贛浙閩三省則另成一種形勢，第一敵軍力量最弱，浙江只有少數省防軍，福建敵軍不統一、戰力不大，「江西朱培德、熊式輝兩部共有十六團，比閩浙軍力為強，然比起湖南來則差得多（和我們作戰過，除李文彬一旅外，其餘都是被我們打敗過的）」。第二，三省黨的盲動主義錯誤比較少，「江西福建兩省，黨及群眾的基礎都比湖南好些。以江西論，贛北之德安、修水、銅鼓尚有相當基礎，贛西寧岡、永新、蓮花、遂川，黨及赤衛隊的勢力是依然存在的，贛南的希望更大，吉安、永豐、興國等縣的紅軍第二團、第四團有日益發展之勢，贛東方志敏的紅軍並未消滅，這樣就造成了向南昌包圍的形勢」。據此，紅四軍前委向中央建議，在國民黨軍閥戰爭期間，「我們要和蔣桂兩派爭取江西，同時兼及閩西

浙西，在三省擴大紅軍的數量，造成群眾的割據」[56]。這封信對三省特別是江西的主客觀條件進行了詳細分析，不但總結了井岡山鬥爭以來的經驗，而且進一步明確了發展革命的方針。連同此前的有關著述，毛澤東基本完成了在江西營建土地革命中心的理論準備。

毛澤東等立即將爭取江西的方針付諸實施。八日，紅軍攻占于都縣城，前委擴大會議決定分兵兩路：彭、滕率紅五軍返回井岡山，恢復湘贛邊革命根據地；朱、毛率紅四軍和江西紅軍，在贛南分兵發動群眾，建立紅色政權，開展土地革命。其後，紅五軍回師湘贛邊，紅四軍游擊于都、興國、寧都，建立三縣革命委員會，制定《興國土地法》，有力地推動和擴大了贛南的土地革命鬥爭。其後，四軍再次進入閩西，開創武裝割據局面，建立了以龍岩、永定、上杭為中心的閩西革命根據地。

紅四軍入閩後，贛西南鬥爭在地方黨組織領導下繼續發展。在贛南，一九二九年五月成立了以蕭韶為書記的第二屆中共贛南特委，特委領導了擴大地方武裝和抗擊敵軍「會剿」的鬥爭，相繼成立了以陳奇涵為書記的興（國）寧（都）行動委員會，古柏任主席和政委的尋烏縣革命委員會及紅二十一縱隊，郭一清、藍廣孚領導的安遠紅十九、二十三縱隊，贛縣紅二十八縱隊，開闢

56　《前委致中央的信》（1929 年 4 月 5 日），江西省檔案館等編《中央革命根據地史料選編》，中冊，江西人民出版社 1982 年版，第 73-74頁。

了興萬贛游擊割據區。在贛西，相繼組建了以羅炳輝為團長的紅五團等四個團的地方紅軍，割據範圍由東固、延福等小塊區域擴大到吉安、蓮花等十縣地區，並於一九二九年十一月，召開十縣工農兵代表大會，成立了以曾山為主席的贛西蘇維埃政府。次年一月，贛西特委（1927 年 10 月成立於萬安）、湘贛邊特委和紅五軍軍委在遂川召開聯席會議，決定將兩特委合併為統一領導邊界鬥爭的贛西特委，書記劉士奇；將贛西、湘贛邊地方武裝合編為紅六軍，黃公略任軍長，劉士奇任政委兼軍委書記（後陳毅），毛澤覃為政治部主任，該軍其後成為贛西南革命根據地的一支主力紅軍。這次聯席會議，將贛西聯結成了具有相當規模和力量的紅色區域。會後，紅五軍進軍宜春，與紅六軍形成包圍吉安之勢，準備奪取吉安。

但是，贛西黨內這時發生了嚴重的分歧，在政權建設、土地分配和攻打吉安等方面處於「黨內政治紛爭不能解決的嚴重關頭中」[57]。在主持召開著名的古田會議和寫下《星星之火，可以燎原》（即給林彪的信）後，毛澤東和朱德率紅四軍於一九三〇年一月由閩西返回，在贛南分兵展開工作。二月六日到九日，毛澤東在吉安陂頭主持召開紅四軍前委、贛西、贛南特委和紅五、六軍軍委聯席會議（50 多人參加，史稱「二七會議」），解決贛西黨內存在的嚴重分歧，決定贛西南鬥爭的任務和政策。會議分析

57　《贛西南特委向省委報告 1929 年 8 月以後的贛西南》（1930 年 6月），《中央革命根據地史料選編》中冊，第 177 頁。

了全國和江西形勢，再次肯定「以江西為中心的閩粵浙贛湘五省武裝鬥爭是一個日益發展的形勢，也是擴大土地革命影響於全國各地的鮮明旗幟」，認為「中國蘇維埃將繼俄國蘇維埃而出現……而中國之內首先出現的將是江西蘇維埃，因為江西的客觀條件和主觀力量都比各省要成熟」，據此決定擴大蘇維埃區域、特別提出奪取江西全省口號，深入土地革命，擴大工農武裝為贛西南黨與紅軍的三個主要任務。[58]會議批評江西省委巡視員江漢波（張懷萬）等人的錯誤，肯定贛西特委攻打吉安、合併特委、平分土地等做法，作出攻打吉安和在割據區域迅速成立縣區鄉蘇維埃政府的行動部署，制定了《贛西南土地法》，實行「一要分，二要快」、按男女老幼平分的土地分配政策。為形成統一的領導，會議決定將紅四軍前委擴大為統一領導紅四、五、六軍和贛西南、閩西、東江中共組織的大前委，前委由各軍各地十七名成員組成，毛澤東任書記；合併贛西、贛南和湘贛邊三特委為贛西南特委。二七會議進一步明確了鬥爭方向、主要任務和政策策略，建立了有利於開創大局面的領導機構，是江西土地革命發展中具有關鍵性意義的一次會議。這次會議也有失誤之處，這就是誇大贛西南地方黨內的危機（不正確地認為地主富農充塞各級指導機關並決定將其徹底清除），對黨內持不同意見和犯錯誤者實行了從開除黨籍到槍斃的嚴厲處置，從而造成了革命力量的損

58　《前委通告第一號——聯席會議的結論並宣告前委成立》（1930年2月16日），《中央革命根據地史料選編》，中冊，第172-173頁。

失。

三月，在吉安富田召開中共贛西南第一次代表大會。這時，贛南有中共黨員七千餘人，贛西則有二萬餘人。大會貫徹二七會議的精神，對行動目標、分田、擴大革命根據地和紅軍、黨與政權建設、經濟和城市政策等作出相應決定，選舉產生了以劉士奇為書記的中共贛西南特委。會議期間，原贛西蘇維埃政府相應擴大改稱贛西南蘇維埃政府，駐吉安陂頭，主席曾山。贛西南特委和政府的成立，標誌著贛西南革命根據地正式形成。

贛西南根據地的土地革命隨即進入高潮，經過從抽多補少到抽肥補瘦的政策調整，農村出現「分田分地真忙」的熱鬧景象。主力紅軍按照前委提出的同時擴大同時深入「伴著發展的工作路線」，再次實行分兵，紅四軍游擊於贛南和閩西、東江，紅五軍返回湘鄂贛革命根據地，紅六軍游擊贛西和贛南的北部，擴大革命根據地，曾先後發起八次攻打吉安、五次攻打贛州，贛西南地方武裝被擴編為紅二十軍、二十三軍和三十五軍。動員起來的農民達到四百萬，一份當時的報告記載說：「共產黨的政治主張，深入群眾，無論窮鄉僻壤，都普及了黨的政治主張的標語，群眾到處找共產黨」，「到處舉行代表大會和群眾大會，地主階級的政權打得落花流水，政權、土地、武裝三者同時並進，即分田、辦蘇維埃、建立自己的武裝」，群眾組織嚴密，行動勇敢，階級觀念強，對中共信仰非常好，而「對黨信仰主要的原因，是農民在鬥爭中得到了土地，建立了蘇維埃政權，政治上得著解

放」[59]。這種情況在其他各革命根據地也大體相同。

毛澤東在江西將馬列主義與中國革命實際相結合，調查農村農民[60]，繼續進行理論著述，創建關於中國革命的基本理論，以年初的《星星之火，可以燎原》和五月的《反對本本主義》等著作為標誌，在一九三〇年上半年形成了關於農村包圍城市的中國革命道路理論，並在次年取得第三次反「圍剿」戰爭勝利後，形成了紅軍作戰的基本原則即人民戰爭的理論。

按照中共中央的命令，紅四軍一九三〇年六月在長汀組編為紅一軍團，北上江西，進軍南昌。毛澤東、朱德根據自己對革命的認識指揮部隊行動，先後攻占吉水、樟樹、高安，舉行昌北牛行示威，於八月經奉新、萬載等地進入瀏陽，與攻占長沙後退出的彭德懷紅三軍團會合，合組紅一方面軍，朱德任總司令，毛澤東任總政委兼總前委書記，彭德懷任副總司令，朱云卿為參謀長，下轄一、三兩軍團的八個軍，三萬多人。在二打長沙受挫後，紅一方面軍於九月退返贛西。經過株洲、袁州等一系列會議的爭論和說服後，部隊於十月四日攻占吉安城。七日，在吉安成立以曾山為主席的江西省蘇維埃政府，頒佈十三條政綱。贛西南革命根據地由此完全連成一片，擁有三十餘縣地域，「由南豐到永新，由尋烏到峽江，橫斷江西半壁；由贛州到吉、峽，圍繞贛

59　《贛西南（特委）劉士奇（給中央的綜合）報告》（1930 年 10 月 7 日），《中央革命根據地史料選編》，上冊，第 341、351 頁。

60　毛澤東 1930 年在江西連續撰寫了《尋烏調查》、《興國調查》、《木口村調查》、《贛西土地分配情形》等調查報告。

江流域縱橫數千里，聯繫到閩西，東江，湘東，鄂南等幾大塊赤色政權，如綜合贛東北（只隔著臨川、金溪）、贛西北之修武銅（可以聯繫），以面積計算，實占江西全省百分之八十左右」[61]。可以說，毛澤東等爭取江西的戰略計劃，至此大體得到實現。

‧曾山，江西吉安人，1930年三月任贛西南蘇維埃政府主席；10月七日，任江西省蘇維埃政府主席

占領吉安前後，在進軍方向和行動部署上，以毛澤東為書記的總前委與以省行動委員會書記李文林為領導的江西地方黨組織發生嚴重分歧。江西地方黨的大多數領導人沒有及時覺察敵我形勢的變化和毛澤東的正確思考，錯誤地堅守進攻南昌、九江的指令，指責總前委不打南昌九江是斷送中國革命，與總前委形成尖銳的對立。這種情況的出現，既與李文林在上海出席了中共中央的有關會議，會後在贛西南堅決貫徹立三路線有關，也有江西地方黨有意無意地維護地方利益、害怕根據地遭受損失的因素。遺憾的是，這種內部矛盾最終未能得到妥善處理，反而在敵人大軍進逼的急迫形勢下，被擴大誤認為敵我矛盾，致使總前委產生對贛西南黨政機關

61　《贛西南（特委）劉士奇（給中央的綜合）報告》，1930年10月7日，《中央革命根據地史料選編》，上冊，第353-354頁。

進行「一番根本改造」[62]的認識，李文林等一批江西地方黨領導人被錯誤地認定為 AB 團分子，整個贛西南黨、團組織和蘇維埃政權遭到全面整肅，造成了各級幹部的重大損失。這是一個需要認真總結的沉痛教訓。

　　十月底，毛澤東在新余羅坊主持總前委和江西省行委聯席會議。會議成功地克服了冒險主義的影響，決定準備反擊國民黨軍的大舉進攻，實行誘敵深入的作戰方針，將國民黨軍誘入根據地予以殲滅。其後，紅一方面軍轉入革命根據地，進行第一次反「圍剿」作戰。在此前後，作為土地革命重中之重的平分土地，經歷反覆摸索而找到了適當的辦法：贛西南的分田雖然反覆多次，有的地方「四次五次分了又分」，但到一九三一年春，毛澤東總結

· 江西省蘇維埃政府駐地（吉安陂頭）
（《中國共產黨江西歷史圖志》）

62　《毛澤東給中央的信》（1930 年 10 月 14 日），《江西黨史資料》第 6 輯，1988 年版，第 165 頁。贛西南對名為「AB 團」的肅反始於 1930 年 5 月，打下吉安後對形勢估計進一步誇大，認為 AB 團分子充塞了黨、團和政府等各級指導機關，要肅清 AB 團以挽救贛西南黨的嚴重危機，結果造成肅反擴大化的嚴重錯誤。

・中共蘇區中央局委員合影。右起：王稼祥、毛澤東、項英、鄧發、朱德、任
弼時、顧作霖（《中國共產黨江西歷史圖志》）

土地使用權變動不定對農民生產生活的不利影響，明確提出「民
權革命中的土地私有制度」問題，確定要實行農民土地「私有，
別人不得侵犯」的所有權，以曾山為主席的江西省蘇維埃政府宣
佈土地分定後即「土地使用權、所有權通通歸農民」[63]，在土地
制度的變革上終於找到了符合實際的好辦法。婚姻制度與家庭關
係方面的變革也是這樣。類似土地制度、婚姻制度這樣反覆多次
而逐漸完善的情況，也在其他方面表現出來。

　　毛澤東等領導的井岡山和贛西南、閩西的鬥爭，代表了中國

63　江西省蘇維埃政府：《土地是我們的，耕種起來呵！》，1931 年 3 月
　　15 日。

革命的正確方向，並在國內外產生了重大的影響。因此，中共中央根據全國各革命根據地發展的條件和現狀，這時已經確定將贛西南（連接湘鄂贛）建設成為中央革命根據地。一九三一年一月十五日，中共蘇區中央局在寧都小布成立，周恩來任書記（尚未到達，由項英代理）。蘇區中央局受中共中央政治局領導，負責「管理全國蘇維埃區域內各級黨部，指導全國蘇維埃區域內黨的工作」[64]。二月，又在小布成立蘇維埃中央軍事委員會，項英任主席，朱德、毛澤東任副主席（4 月由毛澤東任主席）[65]。蘇區中央局和中央軍委在贛南的成立，是贛南成為中央革命根據地的重要標誌。在此前後，毛澤東等領導紅軍和革命根據地群眾，在贛南和閩西的廣大地域內，連續取得了三次反「圍剿」戰爭的重大勝利。一九三一年九月第三次反「圍剿」勝利後，贛西南革命根據地與閩西（閩粵贛）革命根據地連成一片，中央革命根據地正式形成。

· 蘇維埃政府印鑑（《中國歷史圖說》）

64　《中共蘇區中央局通告第一號——蘇細埃區域中央局的成立及其任務》，1931 年 1 月 15 日。

65　余伯流、凌步機：《中央蘇區史》，江西人民出版社 2001 年版，第 298 頁。

六　湘贛革命根據地的建立與發展

　　湘贛革命根據地的前身為原井岡山革命根據地。井岡山失守後，何長工、王佐、李燦等率留守部隊轉入深山堅持，並於一九二九年三月收復了五井和寧岡。五月紅五軍由贛南返回井岡山地區，基本恢復了湘贛邊界的紅色政權。根據紅四軍前委指示和東固鬥爭經驗，中共湘贛邊界特委二屆四次執委會議隨即決定，以公開鬥爭和祕密割據相結合作為新的鬥爭方式，將政治中心從寧岡轉移到永新。隨後，紅五軍在攻占遂川、寧岡兩縣城後，轉入湘鄂贛邊界，以鄧乾元為書記的中共湘贛邊特委，堅持領導以永新為中心的湘贛邊武裝鬥爭。

　　一九三〇年一月，中共贛西特委（1927 年 10 月成立於萬安）、湘贛邊特委和紅五軍軍委在遂川召開聯席會議，決定將兩特委合併為統一領導邊界鬥爭的贛西特委，將贛西、湘贛邊地方武裝合編為紅六軍。在二月的二七會議上，又決定將贛西、湘贛邊、贛南三特委合併為中共贛西南特委，贛西南特委在三月正式成立。此後，湘贛邊成為贛西南革命根據地的組成部分，中共贛西南特委和贛西南蘇維埃政府在吉安永陽分別設立西路行動委員會和西路辦事處，負責原湘贛邊六縣工作的指導（特委下設六個行委負責各地工作）。

　　這一年，該地區先後發生了在永新錯殺袁文才、王佐，九打吉安和富田事變等重大事件。錯殺袁、王是地方黨的一個重大錯誤，招致了極壞的後果，袁、王餘部帶七八十支槍逃到井岡山，與靖衛團結合改掛青天白日旗，「經常出山來燒殺」，致使「寧

· 慶祝湘贛省二蘇大會召開（樊賓攝）

岡全縣組織倒台」[66]，井岡山根據地從此完全丟失。富田事變的
發生及其後的失當處理，導致了江西地方黨政領導層的重大損失
和紅二十軍的解體[67]。攻打吉安口號的提出及多次行動，則「爭

66　《贛西南劉作撫（給中央的綜合性）報告》（1930 年 7 月 22 日），《中
　　央革命根據地史料選編》上冊，第 228 頁。錯殺袁文才、王佐事件發
　　生於 1930 年 2 月 24 日。當時，執行「左」傾政策的中共贛西特委，
　　誇大袁、王工作中的錯誤，將早已成為共產黨員和紅軍將領的他們視
　　為「土匪首領」，以開會為名召到永新縣城，於 24 日晨將袁文才槍
　　殺，王佐在逃跑過河時淹死。袁、於在 1950 年代被追認為革命烈士。
67　富田事變發生於 1930 年 12 月 12 日。當時，受總前委指派的李韶九
　　率隊伍到江西省委（行委）、省蘇政府所在地吉安富田進行肅反，使
　　用酷刑拷打逼供，將兩機關及所屈單位 100 多人打成 AB 團，並槍決
　　24 人，引起人們的恐慌和憤慨。12 日，營長劉敵率紅二十軍一部為
　　反擊李韶九的亂捕濫殺，包圍富田，釋放被捕人員，收繳肅反人員武
　　裝，是為「富田事變」。事後經過幾個月的解釋、申訴和領導機關的
　　爭論，事變最終被定為反革命暴動，劉敵等被槍決，江西省委、省蘇
　　政府及所屬各特委大多數領導及重要幹部近百人被錯殺，紅二十軍包
　　括軍長、政委在內的副排長以上幹部也被錯殺，部隊番號被撤銷。被
　　錯殺者後來均被追認為革命烈士。

取了廣大的群眾」，造成由最初發動時一至二萬人參加到「十萬工農下吉安」的巨大聲勢。

一九三一年夏，中共中央和蘇區中央局決定，將贛西南革命根據地一分為二，即取消贛西南特委，在贛江以東成立贛東、贛南和永吉泰三個特委（後在寧都成立江西省委）；在贛江以西成立中共湘贛省委，湘贛省委管轄河西和湘東南革命根據地，派王首道、甘泗淇、張啟龍、林瑞笙等前往組織省委。八月一日，以王首道任書記的湘贛臨時省委在永新成立，立即進行了整合贛西、湘東南黨政軍的工作。十月，在蓮花相繼召開湘贛省中共和蘇維埃的第一次代表大會，正式成立了以王首道為書記的省委，以袁德生為主席和張啟龍、彭德懷為副主席的省蘇政府，湘東南的紅軍獨立第一師和贛西的獨立第三師，成為湘贛革命根據地的主力紅軍（1932 年兩師合編為紅八軍，李天柱代軍長，王震代政委；成立了以張啟龍任總指揮、甘泗淇任政委的湘贛省軍區）。獨立的湘贛革命根據地至此正式形成。

「湘贛蘇區地跨兩省，但主要部分是在江西。與中央蘇區是以贛江為界，與湘鄂贛是以袁水和株萍為界。」[68]根據地以永新為中心，東起吉安永陽，西到茶陵，南至永新關背，北達萍鄉，縱橫約三百華里，經常占領的縣城為永新、蓮花。[69]根據地範圍

---

68 王首道、王震等：《湘贛根據地革命鬥爭的回憶》，《江西黨史資料》第 1 輯，第 168 頁。

69 《中共湘贛革命根據地省委綜合工作報告》（1931 年 10 月 26 日），《湘贛革命根據地》黨史資料徵集協作小組編《湘贛革命根據地》，中共黨史資料出版社 1990 年版，第 105 頁。

‧部分參加湘贛蘇區鬥爭同志 1939 年在延安合影。前排坐者左起：羅正坤、周仁傑、王定一、易湘蘇、譚余保、王首遞、胡耀邦、王思茂。後排左起第五人金如柏，第九人譚石晶，第十三人李信，第十七人李國華。（《中國人民解放軍歷史圖片選集》）

後來還有擴大。

第三節 ▶ 中華蘇維埃共和國的成立

一 臨時國家政權在瑞金的建立

1. 代表大會的準備

在各地創建根據地和建立蘇維埃政權之時，中共中央也在加緊籌建蘇維埃國家政權。

一九三〇年五月，中共中央在上海祕密召開了有各地代表參

加的全國蘇維埃區域代表大會，開始計劃建立統一的全國蘇維埃政權。會後成立了「蘇維埃代表大會中央準備委員會」，負責中華蘇維埃共和國臨時中央政府的籌建工作，「蘇準會」開始著手進行實際事務的準備工作。同年九月下旬，瞿秋白、周恩來主持召開中共六屆三中全會，全會批評了李立三「左」傾冒險主義要求在武漢、長沙、南昌等中心城市建立中央政府的計劃，同時根據共產國際的指示，指出革命已經到了從零星散亂的各地方革命政權的樹立，到建立蘇維埃的臨時中央政權以集中革命勢力、組織革命戰爭、領導全國革命運動的時期，因此，「建立集中統一的真正的和工農群眾密切聯繫的蘇維埃臨時中央政府」，是「當前第一等重要的任務」，臨時中央政府要建立在最有保障的根據地內。[70]十一月，《中央政治局關於蘇維埃區域目前工作計劃》進一步確定，依據土地革命的發展、群眾基礎和便於向一個或幾個中心城市發展等三個條件，將全國各革命根據地劃定為中央區（贛西南、湘鄂贛）、贛東北、湘鄂邊、鄂東北、閩粵贛、廣西左右江等六個，「確定湘鄂贛連接到贛西南為一大區域，要鞏固和發展它成為蘇區的中央根據地」；在中央根據地召開第一次全國蘇維埃代表大會，成立中華蘇維埃共和國。一九三一年一月在江西寧都成立的中共蘇區中央局，隨即領導起在中央區籌建國家

70　中共六屆三中全會：《關於政治狀況和黨的總任務議決案》（1930 年 9月），中央檔案館編《中共中央文件選集》第六冊（1930 年），中共中央黨校出版社 1983 年版，第 287、293 頁。

政權的工作。

　　成立新型的國家政權是中共改造和發展中國的既定目標，這個目標在中共成立時即已確定。到國民革命分裂，國民黨以武力分共並建立其一黨專制的國家政權時，中共進一步明確了非資本主義的發展目標，提出了推翻國民黨的統治，建立蘇維埃共和國的政治主張，走上了以獨立領導武裝鬥爭重建國家政權的歷程。因此可以說，建立人民當家作主的國家政權，是中共與國民黨在中國發展道路、政治制度之爭中的必然行為和結果，而中華蘇維埃共和國的籌建，則是將這一政略付諸實踐。另外，從中共當時的意圖上看，也有「建立蘇維埃中央臨時政府與各革命根據地政府來對抗國民政府」[71]，以及建立中央政府作為「全國革命運動的指導者與組織者」，並「極大限度地激發推進全國工農群眾的革命爭鬥」[72]等方面的策略考慮。因此，對為什麼要建立蘇維埃國家政權的問題，應在當時的歷史環境和條件中去認識和總結。

　　中共中央和蘇區中央局為召開全國蘇維埃第一次代表大會，做了大量的、充分的準備工作。這主要是起草憲法、勞動法、土地法等許多法律文件，醞釀和確定政府成員名單，推選代表人選，確定會議日期及地點等。在經過四次延期之後，蘇區中央局

71　中共中央：《目前的政治形勢及黨的緊急任務》（1931年5月9日），中央檔案館編《中共中央文件選集》第7冊，中共中央黨校出版社1983年版，第289頁。

72　《中央緊急通知——關於動員和組織擁護第一次全國蘇維埃代表大會運動》（1931年10月18日），中央檔案館編《中共中央文件選集》第7冊，中共中央黨校出版社1983年版，第457頁。

在一九三一年十月最終決定，十一月七日在瑞金召開中華蘇維埃第一次全國代表大會，成立中華蘇維埃共和國臨時中央政府。

2. 一蘇大的召開和臨時中央政府的成立

一九三一年十一月七日，中華蘇維埃第一次全國代表大會在瑞金葉坪村召開。黎明時，在會場背後的廣場上，舉行閱兵典禮，毛澤東、朱德、項英等檢閱了紅軍部隊。上午，瑞金遭到國民黨軍飛機轟炸。下午舉行開幕式，項英致開幕詞。晚上，與會代表同駐地紅軍、附近群眾一起舉行提燈慶祝晚會。大會在致中共中央的電報中說：「到會群眾，人山人海。紅光滿天，莊嚴熱烈空前未有。大會於萬眾歡呼之中，正式開幕。」

選擇瑞金作為一蘇大會召開地和臨時中央政府所在地，是該地具有較好的條件。瑞金位於江西省東南部，東與閩西接壤，到長汀僅四十公里，北、西、南與石城、寧都、于都、會昌等縣相鄰，儘管「縣城狹小，直徑二里，環城約七里」，卻居於中央革命根據地的中心，直接輻射閩粵贛三省邊境二十多個縣，便於領導機關的「居中指揮」。瑞金本身的條件也很好，此時已是「全縣赤化」，又在中心縣委書記鄧小平領導下糾正了肅反擴大化的錯誤，全縣土地革命順利展開，政治局勢相當穩定。距瑞金縣城六公里的葉坪村，則是一個傍依錦江、地勢平坦開闊，交通較為便利的大村莊。全村環境優美，既為樟、楓等參天古樹和青翠竹林所掩映，又有青磚青瓦、古色古香的明清磚木結構建築，村旁可容納數萬人的綠蔭草坪則恰似一個寬闊的大廣場。這裡便於隱蔽和容納臨時中央政府各機構。在這裡召開一蘇大會和建立臨時中央政府，使瑞金和葉坪瞬間舉世聞名。國民黨人說，中共以瑞

· 中華蘇維埃第一次全國代表大會主席團在瑞金檢閱紅軍（《中國人民解放軍70年圖集》）

金「地理位置適中，乃定為偽都，並開偽全國代表大會於此，建偽『中華蘇維埃政府』，瑞金遂成為中共偽政權之發號司令台。其偽中央黨部政府，偽軍事委員會，偽紅軍學校，偽兵工廠等機關，應有盡有；遂有『小莫斯科』之號」[73]。又說瑞金「自赤匪據為首都，此彈丸小邑，遂成匪首發號施令、糜爛東南數省之亂源，消息所傳，世人無不矚目」[74]。

參加一蘇大會的代表共六百一十名，來自贛西、閩西、贛東北、湘贛、湘鄂贛、湘鄂西、豫東北（鄂豫皖）、瓊崖（海南島）各革命根據地及各紅軍部隊、全國總工會、全國海員總工會，還有韓國的代表。大會聽取了毛澤東代表蘇區中央局所作的政治報

73　《中華民國史事紀要》，1934年11月10日。
74　漁叔：《瑞金匪禍記》，1934年10月，存江西省檔案館。

告，項英的勞動法草案報告，張鼎丞的土地問題報告，朱德的紅軍問題報告，周以栗的經濟問題報告，王稼祥的少數民族問題報告，鄧廣仁（鄧發）的工農檢察處報告以及憲法問題報告等。討論並通過了蘇維埃憲法大綱、勞動法、土地法以及其他各項問題的決議案。會議決定以瑞金為首都，改名「瑞京」。

十九日，大會選舉中華蘇維埃共和國中央執行委員會委員，蘇區中央局提名的六十三名候選人全部當選：毛澤東、項英、張國燾、周恩來、盧福坦、朱德、瞿秋白、張鼎丞、鄧發、王稼祥、徐錫根、范樂春、陳紹禹、彭德懷、關嚮應、孔荷寵、方志敏、任弼時、賀龍、沈澤民、譚震林、黃平、曾山、林彪、陳郁、羅登賢、夏曦、鄧子恢、劉少奇、劉大朝、陳正人、袁德生、崔祺、屈登高、段德昌、葛耀山、彭軌、陳福元、古大存、韋拔群、張華先、何叔衡、黃蘇、胡海、滕代遠、蕭恆太、羅炳輝、陳毅、張雲逸、周以栗、盧德光、胡均鶴、徐特立、邵式平、洪紫清、劉光萬、余漢朝、吳致民、劉建中、李宗白、劉生元、王永盛、阮嘯仙。名單基本上包括了各革命根據地黨政軍領導人及部分中共臨時中央負責人，他們無疑是當時蘇維埃運動的傑出人物。中執委的產生，宣告了中華蘇維埃共和國的成立。二十日，一蘇大會閉幕。

《中華蘇維埃共和國憲法大綱》規定，中華蘇維埃共和國是工人和農民的民主專政的國家，全部政權屬於工人、農民、紅軍兵士及一切勞苦民眾；全蘇大會為國家的最高政權，大會閉會後，中央執行委員會為最高政權機關，中執會之下，設人民委員會為中央行政機關，負責處理日常政務，發佈一切法令和決議

案。

二十七日，毛澤東主持召開中央執行委員會第一次會議。會議選舉毛澤東為中央執行委員會主席，項英、張國燾（時在鄂豫皖革命根據地）為副主席。同時，選舉產生了臨時中

· 革命根據地群眾和紅軍指揮員戰鬥員慶祝一蘇大會召開

央政府組成人員：毛澤東兼任人民委員會主席，項英、張國燾兼任副主席；人民委員會內設九部一局，由王稼祥任外交人民委員，朱德任軍事人民委員，項英兼勞動人民委員，鄧子恢任財政人民委員，張鼎丞任土地人民委員，瞿秋白任教育人民委員，周以栗任內務人民委員，張國燾兼司法人民委員（實由副委員梁柏台主持），何叔衡任工農檢察人民委員，鄧發為國家政治保衛局局長。[75] 人民委員的稱呼，是蘇聯做法的移植，實際即是部長。會後，還設立了以董必武為院長的最高法院，以朱德為主席，王稼祥、彭德懷為副主席的中央革命軍事委員會。人民委員會的組成，表明中華蘇維埃共和國臨時中央政府成立。

中華蘇維埃共和國的成立，表明土地革命的中心，已經轉移

75 《中華蘇維埃共和國中央執行委員會佈告第一號》（1931 年 12 月 1 日），《中央革命根據地史料選編》下冊，第 201-202 頁。

到江西。一九三三年一月，中共臨時中央無法再駐上海，也轉移到瑞金。江西成為中共領導土地革命的大本營和中國革命的中心地區，這是江西民國史上的一件大事。

二　法律體系與社會結構

中華蘇維埃共和國成立前後特別是成立後，制定頒佈的各類法律法規約一百二十餘部。這些法律法規，大致包括六類內容：一是國家法，包括國家根本法憲法大綱、國家政權機構組織法（或條例）及選舉法令等；二是行政法規，包括行政、紅軍建設、公安、民政、民族政策、文教、衛生、科技等方面的法令及其有關解釋；三是刑法，包括懲治貪污浪費和懲治反革命條例等；四是民法，包括婚姻、借貸、產權等方面的法令條例；五是經濟法，包括財政經濟、稅收、金融、工商業政策、勞動、土地等方面的法令條例；六是司法制度，包括司法行政、審判制度、檢察行政等法令條例。[76]它們從多個方面，規定了中華蘇維埃共和國的性質、社會制度、政權組織形式與運轉、革命根據地各項基本政策等等，共同反映了人民當家作主的宗旨與理念，具有鮮明的階級特點、時代特點、民主特點和社會進步性。但由於受到王明「左」傾冒險主義的嚴重影響，中華蘇維埃共和國臨時中央政府的一些法令條文及其具體政策，也有不少內容嚴重地脫離實

76　舒龍、凌步機主編《中華蘇維埃共和國史》，江蘇人民出版社 1999 年版，第 355-357 頁。

際,「左」傾錯誤的內容也不鮮見。[77]

　　新的政權的建立和大量法律法令的頒佈,導致了革命根據地社會結構和社會關係的全面重建。土地革命發生後,在革命根據地地域,舊的政治、經濟、文化結構和建立其上的社會關係被完全瓦解,繼而建立了新的社會結構和社會關係[78]。這主要表現在:

　　在政治上,確立了工農群眾當家作主、自己管理國家和社會的根本制度,這一制度的主體形式,是中華蘇維埃的國家政權和地方政權。國家政權由作為政權機關的全國蘇維埃代表大會和中央執行委員會,作為行政機關的中央人民委員會和作為司法、監察機關的最高法院三個部分組織而成。地方政權則為由省、縣、區一直到鄉村的各級蘇維埃政府。各級政權均由選民的民主選舉產生,並受到選民的有效批評和監督。這就突出了人民群眾在政權中的地位和作用,反映了人民的意志和選擇,新政權也由此具有了較高的合法合理性和行政效率。圍繞著政權這個核心,依次形成政權 —— 群團(工會、貧農團和婦代會等)—— 工農大

77　其中還有共產國際在指導上的錯誤,如向青先生指出:「中華蘇維埃第一次全國代表大會召開以後,共產國際就從基本上不瞭解、不干預革命根據地的事務,一變而為加緊干預革命根據地的政策、策略,尤其是直接干預中央革命根據地,從而給農村區域蘇維埃的發展帶來了嚴重的危害,直接導致了中央革命根據地第五次反「圍剿」的失敗。」(向青:《三十年代中國》,北京大學出版社 1996 年版,第 23 頁)

78　何友良:《論蘇區社會變革的特點與意義》,《中共黨史研究》2002 年第 1 期。

眾——全體居民的社會體系，將分散的個人組織成整體，使之互相依存、密切聯繫，意志行動統一。國家權力由此有效地進入鄉村。與此同時，中國共產黨的各級組織也相繼成立，中共作為革命根據地唯一合法的政黨，履行執政黨的職能，與蘇維埃政權形成領導與被領導的關係。在實際運作中，則一直存在黨政不分乃至以黨代政的問題。

經濟上，在平分土地並逐步建立農民土地所有制的基礎上，建立了由國營事業、合作社事業和私人事業三種經濟成分並存的異質經濟結構。國營事業是由政府經營的國營經濟，主要是一小部分必要的工業和商業，如軍火工業、對外貿易等，比重不高，但又因其性質和經濟地位，在發展根據地經濟和支持革命戰爭方面，作用重大。合作社事業，是由群眾出資或入股經營的集體經濟，主要有消費、糧食、生產和信用四類合作社。這類經濟規模不大，平均每個合作社的資本不超過三百元，但因其體現出經濟上的組織性和民眾參與上的廣泛性，所經營者又與人民的生產生活直接相關，因此被認為是在生產、供給和分配方面「戰鬥地團結工農，動員群眾的經濟組織」[79]。私人經濟在革命根據地經濟結構中占有絕對的優勢，主要包括農民的個體土地經營、中小商

---

79 亮平：《目前蘇維埃合作運動的狀況和我們的任務》，《鬥爭》第 56
    期，1934 年 4 月 21 日。如閩浙贛根據地的貯糧合作社（與中央根據
    地的糧食調劑局相似），「吸收了很廣大的群眾，共有二十餘萬股，年
    年分紅利給社員」（《閩浙贛蘇區的近況》，《紅色中華》1934 年 1 月
    1 日，第 139 期）。

人的商業經營和農民的自由貿易，採取小規模、分散經營的形式進行活動。總之，革命根據地經濟結構比較簡單，又受到當時條件的限制和「左」傾政策的影響，導致其所體現的經濟形態和政策並不完善，但從本質上說，它以瓦解封建生產關係、解放生產力和保護人民切身利益為出發點，是新的政權重建生產關係的產物。這一經濟形式，在當時激發了根據地民眾的生產積極性，整合和提高了根據地的經濟力量，如一九三三年中央根據地的農業生產，比一九三二年增加一成半，閩浙贛根據地則增加了兩成，因而有效地支持了革命戰爭和根據地的建設。

在文化教育上，以變革農村文化教育水平落後現狀、實現工農群眾及其子女普遍受教育的權利，「提高鄉村文化」和工農的「普通文化程度」，培育新的社會力量為宗旨，厲行全部免費的義務教育，發展廣泛的社會教育，在戰爭環境和物資匱乏的艱難條件下，建立了富有特點的文化教育制度，形成了幹部教育、社會教育（成人教育和掃盲）和義務教育（小學教育）三個部分組成的教育體系。革命根據地興辦教育的成效，相當驚人。閩浙贛根據地各村各鄉廣泛舉辦列寧小學，到一九三四年一月共有二百八十所，使七至十五歲的兒童普遍得到入學教育。中央根據地更是如此，其辦學成績連國民黨人也大為肯定。據一份國民黨軍攻占寧都縣後的調查稱，紅色區域對於教育，比革命前更為積極，到一九三三年夏，寧都一縣即辦有列寧小學一百八十四所，夜校三百六十八所，識字班五千八百六十一個，因此認為中共對教育

的「辦理精神足資傚傚」[80]。同樣，革命根據地也形成了新聞出版、紅色報刊、戲劇、歌謠和俱樂部等多種形式互相配合的新式文化，僅中央革命根據地即辦有中央政府機關報《紅色中華》、蘇區中央局機關刊物《鬥爭》、工農紅軍總政治部機關報《紅星》、少共中央機關報《青年實話》等在內的一百三十餘種大小報刊。許多民間文藝形式被注入了新鮮、活潑和進步的新內容，而為群眾所喜聞樂見。

新的政治制度、經濟制度和文化教育制度的建立，促成了根據地內社會關係的轉化，進而構成了一種屬於新民主主義性質的社會形態。這種新的社會形態，與當時的國統區社會形成鮮明的區別。

三　行政區域的設置與擴展

按照有關蘇維埃政府組織法規的規定，革命根據地行政層級，為臨時中央政府、省、縣、區、鄉五級架構（1931 年 11 月之前在鄉之下還有村級行政機構。另外還有少數特區、道一級黨政機構，介於省縣之間，統轄數縣，但非常制）。適應當時的條件和需要，各級轄地範圍都相應縮小，每省轄縣未做具體規定，每縣轄十二至十五個區；每個山地區轄九個鄉、每個鄉約三千人，平地區轄十二個鄉、每個鄉約五千人。在省級政府設置上，除中央革命根據地先後設有五個省和四個中央直屬縣外，其他各

80　《寧都社會調查》，1934 年底，存江西省檔案館。

革命根據地即各為一省，具體設置為：

中央革命根據地在一蘇大會後，先後發生著名的寧都起義和消滅「土圍子」、攻打贛州等重要事件，根據地範圍進一步鞏固和擴大。臨時中央政府一九三二年春分別在原江西省[81]和閩粵贛區基礎上，設立江西省和閩粵贛省。其中，五月在興國縣分別召開江西省黨、政代表大會，選舉產生了以陳正人為書記、曾山為主席的江西省委和省蘇政府，成立了以陳毅為司令員的省軍區，省委、省蘇政府先後駐興國、寧都，轄二十七縣（次年改轄 22 個縣）；三月在長汀分別召開的閩粵贛省黨、政代表大會，成立了以羅明任代理書記、張鼎丞為主席的閩粵贛（後改稱福建）省委、省蘇政府，初轄十個縣（次年擴大為 15 縣）。一九三三年初取得第四次反「圍剿」勝利後，革命根據地範圍迅速擴展，進入鼎盛時期，面積達到八點四萬平方公里，人口四百五十三萬（時稱 500 萬），較長時間占領的縣城有二十四座[82]。臨時中央政

81　1931 年 5 月中共中央《關於蘇維埃區域黨的組織決議案》規定，贛西南特區應在當年六 7 月間改設為江西省，中共贛西南特委相應改為江西省委。10 月，中共蘇區中央局正式設立中共江西臨時省委，任弼時兼任書記，下轄贛東、贛南和永吉泰三個特委，省委機關駐興國縣城背街牛坑塘。11 月，召開中共蘇區江西省第一次代表大會，組成江西省委領導機關，李富春於 12 月接任書記，機關仍駐興國（1933 年 1 月遷寧都縣）。江西省蘇維埃政府於 1930 年 10 月在吉安成立，當時申明為臨時政權性質，主席為曾山。

82　詳見余伯流、凌步機《中央蘇區史》第 481 頁的考據。24 座縣城為：江西省的瑞金、興國、寧都、于都、廣昌、石城、會昌、尋烏、安遠、信豐、上猶，崇義、黎川，福建省的龍岩、上杭、永定、長汀、連城、武平、寧化、清流、歸化、泰寧、建寧。

・江西省蘇維埃第一次代表大會會場（《中國共產黨江西省歷史圖志》）

府遂對轄區行政進行調整，在江西、福建兩省之外，先後再增設三個省：五月設閩贛省，駐黎川（後移建寧），省委書記顧作霖（後鐘循仁），省蘇政府主席邵式平（後楊道明），省軍區司令員兼政委蕭勁光，轄十六縣；八月設粵贛省，駐會昌，省委書記劉曉，省蘇政府主席鐘世斌，省軍區司令員張雲逸，轄七縣；一九三四年五月設贛南軍區，由項英兼司令員和政委，八月增設贛南省，駐于都，轄四縣。該省設立，主要是為紅軍長征作準備。

中央革命根據地這時的主力紅軍仍是紅一方面軍，又稱中央紅軍，總司令朱德，副總司令彭德懷，總政委毛澤東（後周恩來），總政治部主任王稼祥（後楊尚昆），總參謀長葉劍英（後劉伯承）。下轄一軍團（軍團長林彪、政委聶榮臻）、三軍團（軍團長彭德懷兼、政委滕代遠）、五軍團（1931 年 12 月組建，總指揮先後為季振同、董振堂，政委先後為蕭勁光、朱瑞、李卓

然)、七軍團（1933 年 6 月組建，軍團長兼政委蕭勁光，後來，軍團長為尋淮洲、政委則先後為蕭勁光、樂少華）、八軍團（1934 年 9 月組建，軍團長周昆、政委黃蘇）、九軍團（1933 年 10 月組建，軍團長羅炳輝、政委蔡樹藩）。一九三三年夏，紅一方面軍及中央革命根據地地方部隊兵力總數為十二萬一千零四十四人[83]。

在江西境內的其他幾個革命根據地，各成立一個省，與臨時中央政府保持著比較密切的聯繫。這主要是：

閩浙贛省：原為贛東北省，一九三二年十二月改稱閩浙贛省，省蘇政府主席仍為方志敏。該省一九三三年一度與中央革命根據地打通，第四次反「圍剿」勝利後，革命根據地擴大，涉及到包括江西弋陽、橫峰、德興、貴溪、餘江、萬年、上饒、鉛山、玉山、廣豐、樂平、浮梁、婺

· 閩贛省革命委員會主席邵式平（《中國共產黨江西歷史圖志》）

源、都昌、湖口、波陽、彭澤、餘干、東鄉、金溪、資溪等二十一縣和閩北十二縣、浙西南十二縣、皖南七縣的廣大區域，有一百多萬人口、一點五萬平方公里面積、三萬多紅軍部隊（先後為紅十、紅十一軍）。該省由於在政權建設、土地革命、武裝鬥爭

83　余伯流、凌步機：《中央蘇區史》，第 599 頁。

第四章 · 土地革命與紅色政權的興起

等方面表現突出，在一九三四年一月的二蘇大會上，被毛澤東稱譽為革命根據地的「模範省」。

湘贛省：臨時中央政府成立後，湘贛省保持了比較穩定的發展，第四次反「圍剿」勝利後，革命根據地面積亦有擴大，範圍涉及江西的永新、寧岡、蓮花、安福、遂川、吉安、萍鄉、新余、宜春、峽江、分宜、崇義、萬安、大余和湘東南九縣，面積一萬多平方公里，人口一百二十萬。省委、省蘇政府駐永新。主力紅軍為紅八軍（後與湘鄂贛紅軍合編為紅六軍團）。

湘鄂贛省：省委、省蘇政府駐萬載。轄區涉及江西的萬載、修水、銅鼓、武寧、宜豐、宜春、奉新、高安、萍鄉、瑞昌，以及湘東四縣、鄂南八縣，面積一點二萬平方公里、人口約三百多萬（其中基本區域人口 100 多萬）。主力紅軍為紅十六、十八軍（後與湘贛紅八軍合編為紅六軍團）。

一九三三年最盛之時，上述中央、閩浙贛、湘贛、湘鄂贛各革命根據地，地跨江西等七省一百五十餘縣，在江西省內涉及將近七十個縣，約占全省八十三縣的四分之三。

除此之外，臨時中央政府還管轄鄂豫皖省、湘鄂西省、川陝省等，但這些根據地因與贛南隔離較遠，在戰爭環境下，與臨時中央政府的聯繫並不密切。

四　民眾的組織與變化

革命根據地的社會，結構比較簡單，但組織程度較高。它通過各級政權和各種民眾組織，將分散的農民群眾組織成一個相當嚴密的整體。

革命根據地的民眾組織，主要有工會、貧農團、共青團、婦代會、少先隊、兒童團以及赤衛隊、士兵會、互濟會、反帝同盟等等。這些群團組織，既是革命根據地社會設置的實體組織，同時又是革命根據地廣大民眾的活動平台。它們的運作關係是：（1）是政權的外圍組織，緊密圍繞在政權周圍，烘托政權並與之互動，也是政權與個人的中介組織，承擔著諸如接受政權領導，貫徹政權意志與法令，監督政權工作與經濟收支，向政權輸送幹部和信息，組織社會力量等多重任務。據崇義縣坪峰寨貧農團一九三二年四次會議議題的記載，他們先後議決了宣傳、選舉婦女代表、選舉鄉蘇代表、擴紅、優屬、慰勞紅軍、戒嚴、赤衛軍、擔架隊、貧農團活動等十五件事，範圍相當廣泛。[84]一九三二年七月《湘贛全省三個月工作競賽各縣群眾團體組織工作比較表》所載，永新、蓮花等縣的貧農團，所做工作也有監視蘇維埃經濟、開荒、討論農民利益、參加分配土地、修路、督促春耕、選舉、改造合作社、帶路、捉反動分子等十四件事。這些說明，群團承擔了鄉村的大量工作，是鄉級政權的重要助手。（2）各群團之間關係互補，成員大多可以交叉穿插，如工會中的僱農可以加入貧農團並可組成小組參與團內領導，工人和貧農中的婦女可以分別加入工會和貧農團，同時又是婦代會的成員等等。這些群團自身又有垂直領導系統。這樣，就形成了一個互相依存、密

---

84 詳見《貧農小組會議記錄》，中央檔案館等編《江西革命歷史文件彙集》，1932 年（一），第 38-44 頁。

切聯繫的社會網絡，上下左右貫通，意志行動統一，這是國家政權深入鄉村、蘇區社會之所以有力量的奧秘之一。

蘇區社會的建立，促成了區域內民眾社會地位、思想觀念和行為習俗的變化。首先，以整個階級解放和新社會建設為背景，居民的社會地位發生了整體變化，那種以傳統的家庭背景或個人利益追求為因素所造成的個人地位的升降機制被破除，形成過去處於社會下層的工農群眾和上層的地主階級，在社會地位上的整體性躍升和下移。它改變了工農大眾與政權無緣的歷史，工農大眾成為社會的主人，並且促使他們走出以往與世隔絕的封閉生活圈，擴大了視野和社會交往，擁有了其前輩所不敢企及的社會地位和眼光。與此同時，地主階級被迫從權力中心跌落，發生分化，出現外逃、反抗、投身革命、俯為革命根據地百姓等流向。[85]

其次，民眾的思想意識和價值觀念有了更新。由於社會政治經濟結構的改變和新思想的教育灌輸，農民開始從更廣闊的角度，思考往昔的窘困、現實的生活和未來的目標，對為什麼而活、怎麼樣活、信仰追求什麼、鄙視反對什麼、什麼是好的值得的、什麼是不好的不值得的等問題，產生了新認識新判斷。許多記載說明，「蘇府範圍內的農民，無論男女老幼……都痛恨地主階級，打倒帝國主義，擁護蘇維埃及共產黨的主張，幾乎成了每

---

85 詳見何友良《論蘇區社會變革的特點與意義》，《中共黨史研究》2002年第1期。

個群眾的口頭禪。最顯著的是許多不認識字的工農分子，都能作很長的演說，國民黨與共產黨，刮民政府與蘇維埃政府，紅軍與白軍，每個人都能分別解釋」[86]。「一般婦女講話非常漂亮，如『找對象』、『參加生產』、『無產階級』、『土豪劣紳』、『資本家』、『不接受』等名詞在談話中時常流露。十一歲的女子都知『封建』兩字是罵人的表示」。這說明，政治意識和社會文明觀念融入了民眾的思想中，以致於在日常言談中常常會不經意地表露出來。這種情況，在群眾大會上、民主選舉中、各種運動和競賽時，表露得尤其明顯。思想觀念的變化，也帶來了行為規則和行為方式的變化。大量的工農尤其是農民踴躍參軍（以紅一方面軍為例，農民占總數的三分之二，僅贛南十三縣參加紅軍的農民即達 33 萬多人[87]），婦女積極參加生產，是農民行為方式變化的表現之一。

再次是社會習俗有所改變。在「改良社會生活」的號召下，革命根據地積極地查禁吸食、栽種、販運鴉片，禁止賭博和偷盜，反對封建迷信，禁止童養媳和裹小腳，提倡衛生文明建設。據民國《瑞金縣誌》記載，蘇區時期瑞金全縣婚喪喜樂、風化習俗都發生了變化，喜宴儉辦，喪事不厚殮，「極力破除迷信」，

86　《贛西南（特委）劉士奇（給中央的綜合）報告》，1930 年 10 月 7日。

87　據余伯流、凌步機《中央蘇區史》第 266-267 頁記載，中央革命根據地僅贛南瑞金、興國、寧都、于都、贛縣、會昌、石城、安遠、尋烏、上猶、崇義、信豐、南康等 13 縣，參加紅軍的人數即達 33.1 萬餘人。

「煙賭兩項，可謂全被禁絕」，「民事訴訟無有也」。贛東北革命根據地，「僧尼道士、算命瞎子等……現在是都改業了」[88]。一九三三年三月安遠縣龍布區蘇維埃主席團的會議記錄也說明，該地過去的流氓、齋公、煙鬼、仙姑等遊民七十多人，均已「安居其鄉，自食其力」。這類情況，除個別牽涉宗教政策者外，可以說成績顯著並富有進步意義。需要指出的是，舊的社會習俗形成於自然經濟條件下，經千百年的積澱，絕非一時之力所能變更。

五 二蘇大會及其對中央政府工作的總結

毛澤東在一蘇大會閉幕詞中指出，臨時中央政府要擔負起組織戰爭、創造根據地、創造紅軍三大任務，戰爭是我們生活的中心。[89]此後，以這三大任務為重心，臨時中央政府以很高的行政效率，領導起革命根據地建設的全部工作。

一九三四年一月二十一日，全國蘇維埃第二次代表大會在瑞金沙洲壩舉行。毛澤東在代表中央執行委員會和人民委員會所作的報告中，對兩年來臨時中央政府的工作和「蘇維埃各種基本政策的實施」，從武裝民眾與建設紅軍、蘇維埃的民主制度、對地主資產階級的態度與鎮壓反革命、勞動政策、土地革命、財政政策、經濟政策、文化建設、婚姻制度、民族政策等十個方面進行

88　《關於贛東北革命根據地政治社會狀況及各項工作給中央的報告》，1932 年 12 月 1 日。

89　《中國工農兵蘇維埃第一次全國代表大會日刊》第 15 期，1931 年 11 月 21 日出刊，余伯流等：《中央蘇區》第 363 頁。

了比較詳細的總結。指出蘇維埃的根本任務和一切政策的出發點，是要打倒帝國主義與國民黨，「統一中國，實現資產階級性的民主革命，並且要使這個革命在將來能夠轉變到社會主義的革命去」；「兩年以來堅持這種政策的總方向，收到了非常偉大的成績」，證實了「只有蘇維埃能夠救中國」。會議重申中央革命根據地是「蘇維埃中央政府的所在地，是全國蘇維埃運動的大本營」[90]，通過了憲法大綱和《關於國旗、國徽、軍旗的決定》等多項決議，選舉博古等一百七十五人為中央執行委員、鄧子恢等三十六人為中央候補執行委員，組成中央執行委員會。在中執委第一次會議上，選舉毛澤東任中央執行委員會主席，項英、張國燾為副主席；張聞天為人民委員會主席；決定設立外交、軍事、勞動、土地、財政、國民經濟、糧食、司法、內務、教育、工農監察等十一個人民委員部，分別以王稼祥、朱德、鄧振詢、高自立、林伯渠、吳亮平、陳潭秋、梁柏台、曾山、瞿秋白、項英為部長；選舉朱德為中央革命軍事委員會主席，周恩來、王稼祥為副主席；阮嘯仙為中央審計委員會主任，董必武為臨時最高法庭主席。[91]新組成的第二屆中央政府，沒有再加「臨時」二字。

二蘇大會召開時，面臨的形勢比較嚴峻。這時，中共六屆四

90　《中華蘇維埃共和國中央執行委員會與人民委員會對第二次全國蘇維埃代表大會的報告》（1934 年 1 月），《中央革命根據地史料選編》下冊，第 297 頁。

91　《中華蘇維埃共和國中央執行委員會佈告（第一號）》（1934 年 2 月 31 日），《紅色中華》第 148 期，1934 年 2 月 20 日。

中全會已於一月在瑞金召開，王明「左」傾冒險主義的統治在根據地內達到極點；國民政府對中央革命根據地的第五次「圍剿」，以不同於以往任何一次的規模和形式，已經進行了幾個月，閩贛省已被占領。因此，這次會議形成的決議，也有不少過「左」和偏激的內容。

會後，革命根據地進入日益嚴酷的第五次反「圍剿」戰爭。中央政府的工作，全面轉向組織戰爭和後方服務，直至離開江西進行戰略轉移。

第四節 ▶ 革命中心的轉移與游擊戰爭的堅持

一 中共中央與主力紅軍的撤離江西

中共領導的土地革命運動在江西等地的發展，對國民黨政權構成強烈的威脅。從一九三〇年底開始，由蔣介石和中央政府出面組織指揮，先後對革命根據地和紅軍發動了五次大規模「圍剿」戰爭。前四次「圍剿」均被紅軍粉碎，但一九三三年十月開始的第五次「圍剿」，主要由於國民黨蔣介石吸取失敗教訓，採取了新的戰略策略，也由於紅軍處於王明「左」傾盲動主義的錯誤軍事指揮之下，以及根據地內戰爭資源日益枯竭，以致戰爭越打越糟。一九三四年四月底廣昌戰役失敗後，國民黨軍隊開始攻入根據地的基本區域，形勢日益嚴峻。五月，中共中央書記處在瑞金開會，討論此前共產國際軍事顧問李德向博古提出的要準備作戰略轉移的問題。中央書記處決定主力紅軍撤出中央革命根據

地，向湘鄂西地區轉移，並隨即發電向共產國際請示。六月二十五日，共產國際覆電，同意為保存有生力量，中央紅軍退出中央革命根據地，實行轉移。實行戰略轉移，是一個正視客觀情況的正確決策。中共中央立即祕密進行轉移的直接準備。所有準備工作，都是在中共中央為籌劃戰略轉移而設立的決策組織「三人團」領導下進行的。三人團中，博古、李德分別負責政治、軍事問題的決策，周恩來負責督促軍事計劃的實行。

　　轉移的最初行動，是派遣紅七軍團北上和紅六軍團西征。七月五日，中共中央發出《關於開闢浙皖贛邊新革命根據地給七軍團的政治訓令》。同日，中央書記處、中華蘇維埃共和國中央政府人民委員會和中革軍委又聯合下達《關於組織北上抗日先遣隊給七軍團作戰任務的訓令》。中共中央決定，以軍團長尋淮洲、政委樂少華指揮的紅七軍團組成中國工農紅軍北上抗日先遣隊，出擊福建、浙江開展游擊戰爭，開闢浙皖閩贛邊新革命根據地，並「吸引蔣敵將其兵力從中央蘇區調回一部到其後方去」。次日，紅七軍團離開中央革命根據地進入福建，相繼進攻福州，轉進浙江、安徽，在轉戰閩浙皖贛四省邊境、行程三千多里後，進入贛東北革命根據地與紅十軍會合，組成紅十軍團。十一月，紅十軍團在方志敏、尋淮洲、樂少華、劉疇西等指揮下，繼續進軍皖南，一度形成對南京的威脅。在紅七軍團北上的同時，中共中央、中革軍委還發出《給六軍團及湘贛軍區的訓令》，命令任弼時、蕭克、王震率領紅六軍團離開湘贛革命根據地，出擊湖南中部創建新蘇區，確立與湘鄂西紅二軍團賀龍部的可靠聯繫，聯結江西與四川兩大革命根據地，並「破壞湘敵逐漸緊縮湘贛革命根

據地的計劃，以輔助中央蘇區之作戰」[92]。紅六軍團隨即也以「極為飄忽，如水走隙」的敏捷行動，由江西遂川橫石進入湘南、廣西，渡過湘江，進抵黔東，於十月下旬與賀龍部勝利會合，並在其後共同創建了湘鄂川黔革命根據地。紅六、七軍團的派遣，是中央紅軍戰略轉移整體計劃的重要組成部分，周恩來說，它們「一路是探路，一路是調敵」[93]，也就是說，在中央紅軍轉移的總戰略中，紅七軍團擔負了外線的戰略牽制、戰略掩護的任務，紅六軍團則擔負著偵察敵情民情、探索和開闢道路的戰略先遣任務。

中共中央在根據地內也進行了比較充分的準備。八月間，中共中央將撤離江西的決定，傳達到中央政府的部長級和省委、省政府主要領導一級的幹部，並對各級幹部的去留逐一作出了決定。突擊進行了大規模的物質準備，如製造了大量的武器彈藥，籌集了許多錢糧物資（如準備了 84 萬擔糧食，150 多萬元軍費及大量中西藥品等），特別是為補充作戰中嚴重消耗的部隊，連續進行了大強度的擴大紅軍運動，繼七月份擴紅六萬多人之後，九月又下達了擴紅三萬名的緊急任務，據陳雲回憶，「自五月到九月召集了紅軍新兵將近十萬人」[94]。在轉移的方向和路線上，

92　中共中央、中革軍委：《給六軍團及湘贛軍區的訓令》，1933 年 7 月23 日。

93　《周恩來在中共中央政治局會議上的發言提綱》，1943 年 11 月 15日。

94　廉臣（陳雲）：《隨軍西行見聞錄》（1935 秋年），《紅旗》1985 年第 1期。

準備也很充分，九月間毛澤東專程到于都，「主要的任務是察看地形，選擇突圍的路線」[95]，並向周恩來通報了他所瞭解到的信豐、于都等地的情況。最為漂亮的一著，則是與廣東軍陳濟棠部的聯絡。

陳濟棠與蔣介石長期存在很深的矛盾，也害怕紅軍或蔣軍進入廣東，因此既有意保存實力，對紅軍的進攻並不賣力，又想同紅軍建立聯繫藉以抗蔣，而派密使到根據地接洽，要求與紅軍舉行祕密軍事談判。紅軍有識於此，也就積極與其聯繫。八九月間，中共中央決定從南線突圍，沿贛粵湘桂邊境轉移，由周恩來、朱德負責同陳濟棠的談判。九月，朱德致信陳濟棠，表示願與粵軍合作抗日反蔣，告稱「紅軍粉碎五期進攻之決戰，已決於十月間行之」，提出停止作戰行動、恢復貿易、武裝民眾、代購軍火等五點建議，日內派員就近商談。[96]十月五日，周恩來、朱德派中共中央宣傳部副部長潘漢年、粵贛軍區司令員何長工為代表，到粵軍駐地尋烏縣羅塘鎮，與陳濟棠的代表楊幼敏、黃任寰、黃質文談判，達成就地停戰、互通情報、解除封鎖、相互通商和必要時互相借道等五項協議。其中借道一條，要求紅軍行動時事先通報，粵軍即後撤二十公里，讓紅軍通過，但紅軍要保證

95 劉英：《在歷史的激流中——劉英回憶錄》，中共黨史出版社 1992 年版，第 58 頁。劉英説，此話是突圍不久毛澤東親口對她説的。

96 朱德：《關於抗日反蔣給陳濟棠的信》（1934 年 9 月），《朱德選集》第 17-19 頁。

不進入廣東腹地。[97]與南路軍陳濟棠的聯絡，為紅軍的順利突圍提供了重要的保證。

九月中下旬，革命根據地的北線、東線和西線一齊吃緊，中共中央即按預定計劃，決定十月中旬撤離中央革命根據地，從于都渡河西征。十月十日晚，中革軍委和紅一方面軍總部（軍委縱隊）分別從瑞金梅坑、田心圩、洋溪、九堡和會昌石門圩撤向于都；十二日晚，中共中央和中央政府（中央縱隊）從瑞金雲石山、陂下等地撤向于都；紅軍各部隨後也相繼向于都集結。到二十日，最後一支部隊渡過于都河（貢水）。舉世聞名的二萬五千里長征由此開始。撤離中央革命根據地的中央機關和野戰部隊總人數為八萬六千八百五十九人，其中野戰軍各軍團總兵力為七萬二千三百一十三人。[98]

蔣介石其實比較早地料到了紅軍要向西突圍。一九三四年五月十八日，他即電令南、西路軍總司令陳濟棠、何鍵：「贛南殘匪將必西竄，酃縣、桂東、汝城、仁化、始興一線碉堡及工事，務請西南兩路參謀團著手設計，一面準備部隊，一面先徵集就地民工，構築碉堡為第一線。其次郴州、宜章、樂昌、曲江乃至英德為第二線。」要求將兩線碉堡依次「設法趕成，以為一勞永逸之計」[99]。因此在這個方向，先後建成了幾道封鎖線。蔣介石沒

97　何長工：《同陳濟棠部隊談判前後》，《回憶中央蘇區》，江西人民出版社 1987 年版，第 477-479 頁。

98　中革軍委：《野戰軍人員武器彈藥供給統計表》，1934 年 10 月 8 日。

99　國民黨中央黨史會編：《中華民國重要史料初編——對日抗戰時期》，

料到的是，紅軍與陳濟棠部達成了協議，以及紅軍突圍的方式和時間。國民黨人後來總結說，紅軍不僅軍隊突圍，所有黨政軍各機關也一同突圍，且約十萬人在三天之內皆脫離包圍圈，「行動可謂迅速。匪軍情報靈活，能偵知國軍包圍圈何處薄弱；匪軍保密與反情報亦佳」，在何時何地突圍，國軍事前全然不知。特別是，紅軍突圍方式，並不採取歷史上常用的辦法，「而是留置一部於包圍圈圈內，牽制國軍不能全力追擊，突圍的主力前端以攻擊開拓突圍進圍〔前進〕，後尾以防禦阻國軍追擊」，因此，「匪軍主力得以遠遁」[100]。

十月二十一日晚，野戰軍各部從安遠龍布地區到贛縣韓坊全線進入粵軍防守線，粵軍依議「全線撤退」[101]，至二十六日，各縱隊、軍團全部先後越過信豐河，順利通過第一道封鎖線，離開中央革命根據地經贛粵邊境西進。其後，又相繼突破第二、三、四道封鎖線，進入貴州。一九三五年一月，中共中央政治局在貴州遵義召開擴大會議，會議對第五次反「圍剿」戰爭進行了總結，明確了毛澤東在中共中央和紅軍中的領導地位，結束了王明

緒編（二），第 403 頁。

100　王多年：《反共戡亂》（蔣緯國總編著之《國民革命軍戰史》第四部），上篇第四卷，台北黎明文化事業股份有限公司 1980 年版，第 142-143 頁。該書第 138 頁還記述：陳誠在 10 月 14 日，尚以為紅軍主力潛伏在寧都、石城以南地區，待機決戰，「甚至第一線部隊亦未與匪軍保持接觸，所以匪軍何時退卻，全然不明」。

101　朱德、周恩來：《關於我反攻龍布等地獲勝及贛南軍區要保證我軍傷員收容和運輸問題致中央軍區電》，1934 年 10 月 22 日。

「左」傾冒險主義的統治。此後，中共中央、中華蘇維埃共和國中央政府機關和中央紅軍在毛澤東、張聞天、周恩來、朱德等率領下，繼續北上，一九三五年十月勝利到達陝北，完成二萬五千里長征。中國革命的大本營，由江西轉移到陝北。

二　江西各根據地的喪失與方志敏的就義

中共中央、中央政府和主力紅軍離開江西之前，決定「留一部分紅軍和幹部在中央蘇區來領導地方武裝和工農群眾以游擊戰爭來保衛蘇區」，「使進占蘇區的敵人，不能順利的統治下去，以準備將來配合野戰軍在某種有利的條件之下進行反攻」。[102]為此，中共中央專門組建了中國共產黨中央分局、中華蘇維埃共和國中央政府辦事處和中央軍區，作為擔任這一任務的領導機構。

一九三四年十月中旬，中央分局和中央政府辦事處在瑞金梅坑成立。項英任中央分局書記，委員有項英、陳毅、陳潭秋、賀昌、瞿秋白及後來增加的鄧子恢、張鼎丞、譚震林、梁柏台、毛澤覃、汪金祥、李才蓮等。陳毅任中央政府辦事處主任，副主任梁柏台，秘書長謝然之（後叛變）。二十二日，中央軍區在于都寬田成立，項英任司令員兼政委，龔楚任參謀長（後叛變），賀昌任政治部主任。中央軍區直接指揮主力部隊紅二十四師（師長

---

102 項英：《三年來堅持的游擊戰爭》（1937 年 12 月 7 日），中共江西省委黨史研究室編《江西黨史資料》第 1 輯，1987 年內部發行本，第 1-2 頁。

周建屏、政委楊英、政治部代主任袁血卒，約 2000 多人）和江西、贛南、福建、閩贛等省軍區的地方武裝，閩浙贛軍區和紅十軍團名義上也受其指揮。這些武裝力量總約三萬人，此外尚有主力紅軍長征時留下的傷病員二萬餘人。留守部隊從十中旬起陸續在長汀、興國、石城、于都等四個方向接替陣地，掩護中共中央機關和主力紅軍轉移。他們牽制住了在江西的大部分國民黨軍隊（蔣介石僅派出薛岳部和周渾元部兩路追擊長征紅軍。因此，國民黨軍的戰史承認，紅軍在贛南「留置之一部，竟發生牽制國軍主力不參加追擊的最大的效用」[103]），為中共中央機關和主力紅軍的成功轉移，作出了重大的貢獻。

主力紅軍轉移後，軍事局勢迅速惡化。客觀上，留守部隊不足以抵擋強大的國民黨軍的進攻，又由於中共中央分局對形勢和任務缺乏正確的估計，未能及時改變鬥爭方式轉入游擊戰爭，而是不恰當地照舊採取「過去大規模的作戰方式來反對敵人新的進攻」，並且「依照軍委的指示把瑞金、會昌、于都、寧都四個縣之間的三角地區，劃為最基本的地區和我們最後的堅守陣地」，並將地方的許多游擊隊擴編成獨立團加入作戰，以紅二十四師為主力配合各獨立團在三角地周圍阻擊強大的國民黨軍的進攻，以致「遭受了不斷的打擊和損失」[104]，中央革命根據地的最後重鎮

103 王多年：《反共戡亂》，上篇第四卷，第 143 頁。
104 項英：《三年來堅持的游擊戰爭》（1937 年 12 月 7 日），《江西黨史資料》第 1 輯第 6 頁。

相繼失陷：十月十四日興國縣城被周渾元部攻占，二十六日寧都縣城被羅卓英部占領，十一月二日長汀失落於宋希濂部，十日中央革命根據地首府瑞金被李默庵部攻占，十七日于都失落於樊崧甫部，二十三日會昌被李玉堂部占領。閩西的清流、寧化也先後被攻占。至十一月底，中央革命根據地的所有縣城及交通要道均告喪失。

江西境內其他各革命根據地，也在國民黨軍的持續「圍剿」下相繼喪失：

湘贛革命根據地：紅六軍團西征後，留在湘贛區的紅軍兵力僅五個獨立團約三千人。在該區首府永新一九三四年二月失陷和主力紅軍西征的情況下，國民黨軍繼續集中五個師在地方保安團隊的配合下，加緊「圍剿」行動。湘贛省委、省蘇政府和省軍區在以弱小兵力抗擊敵軍進攻後，決定退守武功山區堅持鬥爭。一九三四年十月，湘贛領導機關和所屬武裝從永新牛田等出發，進入武功山開展游擊戰爭。湘贛革命根據地的基本區域被敵軍占領。

湘鄂贛革命根據地：高泳生任師長（高犧牲後由省軍區司令員徐彥剛兼）的紅十六師，在第五次反「圍剿」中與國民黨西路軍五萬多人多次展開作戰。終因寡不敵眾，一九三四年一月該區首府萬載小源失陷，繼而省委、省蘇政府、省軍區和紅十六師於六月間在修（水）銅（鼓）宜（豐）奉（新）邊境的龍門山區陷入國民黨軍包圍，在分路突圍中，主力紅軍和省級機關幹部共一

千多人，大部壯烈犧牲，一部失散，部隊「僅剩約一營人」[105]，「蘇區受到敵人蹂躪、摧殘，分隔成為十一塊，最大的為平江黃金洞，橫直二三十里，小塊只有幾里寬」[106]。這次作戰，「是湘鄂贛蘇區第五次反『圍剿』鬥爭失敗的標誌，使湘鄂贛蘇區比中央蘇區早三個月進入艱苦的游擊戰爭時期」。[107]

閩浙贛（贛東北）革命根據地：一九三四年十一月，紅十軍團在方志敏、尋淮洲、樂少華、劉疇西等指揮下，繼續進軍皖南，形成對南京的威脅。在方志敏等率贛東北主力紅軍紅十軍外出作戰期間，根據地內留守的部隊僅兩個團及少數地方武裝，兵力十分弱小。在第五次「圍剿」中，贛粵閩湘鄂五省「剿匪」軍預備軍總司令陳調元，統一指揮趙觀濤、俞濟時等中央和地方軍隊，「以河口為起點，在萬山重疊中，借築碉堡、建公路交互推進，向葛源節節仰攻，歷經大小戰後」，逐一攻破葛源附近「鱗次櫛比之工事」和紅軍的抵抗，第二十一師梁立柱部於一九三四年十一月二十八日攻占葛源。[108]贛東北革命根據地至此失陷。

外出作戰的方志敏部因兵力弱小，也隨即陷入十倍於己的趙觀濤等部國民黨軍的重兵圍堵中。尋淮洲在皖南作戰中犧牲，一九三五年一月底，部隊在江西懷玉山地區遭到嚴重損失，軍政委

105　《徐彥剛、傅秋濤給任弼時、蕭克轉中央軍委的報告》，1935 年 6 月 7 日。

106　《中共湘鄂贛省委給弼時同志轉中共中央的信》，1935 年 6 月 30 日。

107　湖南省社會科學院等《湘鄂贛革命根據地史稿》，湖南人民出版社 1982 年版，第 231 頁。

108　《中華民國史事紀要》，1934 年 11 月 28 日。

・1935 年，方志敏與劉疇西、王如痴在南昌獄中（《中國共產黨江西歷史圖志》）

員會主席方志敏、紅十軍團軍團長劉疇西、紅十九師師長王如痴等在突圍中被俘。方志敏等隨即被用裝甲車押送於南昌監獄。他們在弋陽、上饒和南昌多次被押解到所謂慶祝會上「示眾」。一美國記者記載了二月七日在南昌各界「慶祝大會」上示眾的情況：「豫章公園周圍排列著警察隊伍，街上架著機關槍……戴上腳鐐手銬而站立在鐵甲車上之方志敏，其態度之激昂，使觀眾表示無限敬仰。周圍是由大隊兵馬森嚴戒備著，觀眾看見方志敏後……對此氣魄昂然之囚犯，表示無限之尊敬及同情。為時不久，方志敏即被軍警押走，因為當局看來，群眾態度之靜默，殊

屬可怕。鐵甲車已經開走，群眾隨即開始騷動，表示不平。」[109]
方志敏在獄中堅貞不屈，屢屢拒絕國民黨蔣介石的勸降，寫下
《可愛的中國》、《清貧》、《獄中紀實》等不朽篇章，抒發深沉
的愛國主義情懷和堅定的共產主義信念，鼓勵同志們繼續「為爭
得全中國人民的民族解放和社會解放而奮鬥」[110]。他在獄中還寫
下了《我從事革命鬥爭的略述》、《贛東北蘇維埃創立的歷史》
等文稿，是記錄贛東北革命根據地創建和發展歷史的珍貴文獻。
同年八月六日，他在南昌下沙窩被殺害，時年三十六歲。方志敏
是一位偉大的共產主義戰士，為創建贛東北（閩浙贛）革命根據
地和紅十軍，為中國人民的解放事業建立了卓越的功勳。他犧牲
後，長期受到人民的景仰和紀念。

三 游擊戰爭的堅持

　　南昌行營在完成攻占革命根據地重鎮目標後，於一九三四年
十一月二十日宣告撤銷北、東、南、西四路軍和預備軍戰鬥序
列，緊接著部署對紅軍游擊隊的「清剿」。十一月二十四日，南
昌行營發佈電令，設立江西、福建兩大綏靖區，江西方面，以原
北路軍總司令顧祝同為駐贛綏靖主任，全省劃分為八個綏靖區，
依次以孫連仲（轄 4 師 1 旅）、劉興（轄 4 師 2 旅）、毛秉文（轄

3 師）、陳繼承（轄 3 師 4 旅 1 憲兵團）、譚道源（轄 3 師 1 保安團）、余漢謀（轄 11 師 1 旅）、張鈁（轄 2 師）、趙觀濤（轄 5 師 3 旅 1 保安縱隊）為第一至第八綏靖司令官；陳誠為駐贛預備軍總指揮，羅卓英為副，轄四個縱隊，依次以樊崧甫（轄第 6、79 師）、羅卓英（轄第 11、14、67、94 師，第 117、118 旅）、湯恩伯（轄第 4、88、89 師）、劉紹先（轄第 43、97 師）為縱隊指揮官，從十二月一日開始進行「清剿」[111]。以康澤為總隊長的別動總隊繼續隨軍行動。

顧祝同立即將總部由臨川移設吉安，指揮對江西的「清剿」。按照南昌行營二十七日發佈的《贛閩兩省綏靖計劃》[112]，規定預備軍各縱隊，負責「清剿」贛南、贛東北、贛鄂邊、湘贛邊各地紅軍游擊隊及構築主要碉堡、公路等任務，各綏靖區部隊負責守備、綏靖、組訓民眾、辦理善後等任務。據項英記載，「其清剿方式繼續築單線碉堡，分割我蘇區成許多小塊，集中相當兵力分開清剿，以企圖各個擊破我軍。其戰術以扼要堵擊，分進合剿，夜行夜襲，輕裝跟進，（並）組織民團、編保甲配合清剿」[113]。

---

111 王多年：《反共戡亂》，上篇第四卷，第 116 頁。福建方面，以原東路軍總司令蔣鼎文任駐閩綏靖主任，劃分 4 個綏靖區，由劉和鼎、衛立煌、李延年、王敬坎分任各區司令官，以衛立煌兼任駐閩預備軍指揮官。

112 詳見王多年：《反共戡亂》，上篇第四卷，第 117-118 頁。

113 《項英致朱德電》（1935 年 1 月），中共江西省委黨史研究室編《江西黨史資料》第 2 輯，1987 年內部發行本，第 101 頁。

十二月，陳誠首先以四個師集中「清剿」紅軍江西軍區部隊，將中共江西省委、省蘇維埃政府和省軍區及其所屬部隊二千餘人圍困於寧都小布地區。中共中央分局所在的「三角地區」，也被十多個師的國民黨軍圍困壓縮成南北長百里、東西寬六七十里的狹小地域。下旬，中共中央分局接受陳毅等人的意見，決定適應敵情變化和主力紅軍不可能再回江西的現實，轉變戰略策略，發動群眾展開游擊戰爭以對付「清剿」。項英、陳毅等中共中央分局和中央政府辦事處領導認識到，「領導遊擊戰爭是黨當前的唯一中心任務」[114]，他們將張鼎丞、鄧子恢、陳潭秋、譚震林、阮嘯仙、胡海、鐘循仁、賴昌祚、李鶴鳴、羅孟文、李樂天、王孚善、楊尚奎、劉新潮（劉建華）等一批高級幹部，分派到閩西和贛南、贛西各地領導開展游擊戰爭。同時進行了動員群眾、堅壁清野和疏散安置二萬餘傷病員等大量工作。這些轉變，揭開了其後英勇堅持三年游擊戰爭的序幕。同時，由於轉變還是初步的，因此在如何使用主力部隊問題上一時失當，未能及時下決心將部隊也分散展開游擊戰爭，而是仍然集中在「三角地區」與國民黨軍對抗。一九三五年一月，在寧都、瑞金之交的洋陂和贛縣的牛嶺，紅二十四師兩次與敵軍發生激戰，部隊「遭受最嚴重的慘敗」，師長周建屏負傷，減員達三千多人，超過擴充前該

114　《目前敵人清剿形勢與黨的緊急任務——項英同志在瑞西瑞金兩縣活動分子會上的報告》（1934 年 12 月 29 日），《江西黨史資料》第 2 輯，第 94 頁。

・圖左為江西信豐油山的宋代古塔——上樂塔，是紅軍游擊隊的祕密交通站；右為國民黨軍「清剿」贛粵邊梅山地區時，陳毅藏身此山洞並寫下《梅嶺三章》的著名詩篇（《中國人民解放軍歷史圖片選集》）

師的全部人數。牛嶺之戰失敗，破滅了在「三角地區」粉碎「清剿」的意圖，成為結束中央分局「大兵團作戰的最後一仗」[115]。中央分局至此只有突圍分散一途。二月四日、五日，項英兩次致電中共中央，請示是否轉移和「分散游擊及整個部署」問題[116]。

　　二月中旬，中央分局得到中共中央書記處關於立即改變組織方式與鬥爭方式，組織短小精幹的游擊隊廣泛開展游擊戰爭的電示後，指揮被敵包圍在于都南部的近萬名武裝隊伍和黨政人員分九路突圍，實行分散游擊。三月十日，項英、陳毅等最後從于都上坪開始突圍。在整個突圍分散的行動中，瞿秋白、何叔衡、賀

115　項英：《三年來堅持的游擊戰爭》（1937 年 12 月 7 日），《江西黨史資料》第 1 輯，第 12 頁。

116　《項英致中央、軍委電》（1935 年 2 月 4 日），《江西黨史資料》第 2 輯，第 114 頁。

昌、梁柏台、毛澤覃、李才蓮、周以栗、阮嘯仙、楊英、劉伯堅等一批著名的領導人和大部分紅軍指戰員壯烈犧牲或被捕後遭到殺害。

四月初，項英、陳毅等衝破層層封鎖，輾轉到達贛粵邊境的江西信豐縣油山，先後與李樂天、楊尚奎、蔡會文、陳丕顯等會合。他們以這一地區為中心，反覆抗擊國民黨軍的「搜剿」、「抄剿」和龔楚等叛徒的破壞，領導堅持了贛粵邊三年游擊戰爭，將以油山、北山為中心的游擊區，擴大到「三南」（龍南、全南、定南）地區。贛粵邊游擊區成為南方三年游擊戰爭時期的中心區。與此同時，在江西境內建立的游擊區主要還有：

閩贛邊游擊區：該游擊區位於福建長汀縣和江西瑞金縣邊區，包括瑞金縣大部、會昌縣和石城縣各一部和長汀縣的古城、四都地區，也稱汀瑞邊游擊區。在中共中央領導機關和主力紅軍離開這一地區北上後，中央分局即部署在該地開展群眾性的游擊戰爭，曾阻滯了國民黨軍的進攻。隨後，中共閩贛省委書記賴昌祚被派來組建瑞西特委和軍分區，領導遊擊戰爭。賴昌祚與鐘天禧、劉連標、楊世珠、鐘德勝、彭勝標、胡榮佳等，領導軍民艱苦抗擊國民黨軍的分割「清剿」和嚴密封鎖，在較其他南方游擊區相對狹小的區域內，經受了紅軍游擊隊一度瀕臨絕境的考驗，最終經過頑強的三年鬥爭迎來了新的局面。[117]

117 閻景堂主編《南方三年游擊戰爭史》，解放軍出版社 1997 年版，第 75 頁。

皖浙贛邊游擊區：紅十軍團失敗和閩浙贛（贛東北）革命根據地失陷後，粟裕、劉英率一部分突出包圍的部隊組成挺進師，開闢了浙南遊擊區；關英（中共閩浙贛省委書記）、唐在剛（閩浙贛省軍區司令員）率部轉入三省邊區開展游擊戰爭。後來，關英、唐在剛等將游擊戰爭的重心轉向皖贛邊區，開闢了以婺源鄣公山為中心的游擊區域，並將中共閩浙贛省委和游擊區，改名為皖浙贛省委和皖浙贛游擊區。該游擊區地域寬闊，包括三省邊界的數十縣，先後形成了贛東北、鄣公山、皖贛邊、上浙皖、下浙皖等幾個游擊根據地，「發展了各地黨的組織，保存了黨的基本力量」[118]。

湘贛邊游擊區：該游擊區位於湖南東部、江西西部邊境，北鄰湘鄂贛游擊區，原為湘贛革命根據地。一九三四年十月中共湘贛省委書記陳洪時、省軍區司令員彭輝明率部轉入武功山區，「湘贛軍民進入了以武功山為主要依託，以整個武功山區為迴旋餘地的游擊戰爭時期」[119]。面對嚴酷的「清剿」，在彭輝明於一九三五年二月犧牲、陳洪時不久叛變後，譚余保（中共湘贛臨時省委書記兼軍政委員會主席、游擊司令部政委）、龍珍、劉培善、段煥競等領導遊擊區軍民堅忍不拔，繼續鬥爭，幾經曲折，勝利堅持了湘贛邊三年游擊戰爭。

118 邵式平等《閩浙皖贛（贛東北）黨史》（1945 年 3 月），中共福建省委黨史研究室等編《閩浙皖贛革命根據地》，中共黨史出版社 1991 年版，下冊，第 34 頁。
119 《湘贛邊三年游擊戰爭》，《江西黨史資料》第 22 輯，第 6 頁。

·1938 年，南方游擊戰爭的部分參加者在南昌合影。前排左起：張云逸、葉飛、陳毅、項英、黃道；後排左起：顧玉良、沈冠國、溫仰春、曾昭銘、李步新（《中國共產黨江西歷史圖志》）

　　湘鄂贛邊游擊區：該游擊區位於湖南東北部、湖北東南部和江西西北部邊區，以湖南平江、瀏陽和江西銅鼓、修水一帶為中心，地域涉及二十多縣農村。經歷一九三四年六月的嚴重失敗後，中共湘鄂贛省委、省蘇政府和省軍區負責人陳壽昌（後犧牲）、傅秋濤、徐彥剛等返回平江黃金洞，繼續領導鬥爭，動員擴紅，很快重建了紅十六師，並主動擊敵毀碉，到一九三五年上半年迅速恢復了老根據地並開闢了新的根據地，一時出現比較興盛的景象。六月，南昌行營從「清剿」中央革命根據地的部隊中，抽調湯恩伯、樊崧甫兩縱隊轉到湘鄂贛邊區作戰，紅十六師在重兵圍攻下再遭嚴重損失，師長徐彥剛負傷後被敵殺害。八月下旬，陳誠部署樊崧甫部三個師及駐平江、瀏陽各部隊，湯恩伯

部三個師又三個旅，譚道源部五個師及九江警備司令陳雷部，對湘鄂贛區進行分區「清剿」。其中譚道源部、陳雷部及湯恩伯一部，負責對贛北地區的「清剿」[120]。此後，湘鄂贛中共組織和紅軍在傅秋濤、方步舟、嚴圖閣、鐘期光、劉玉堂、明安樓、涂正坤、鄧洪、譚啟龍、江渭清等領導下，化整為零，在三省邊區的廣大地域內，頑強地堅持了三年游擊戰爭。

一九三五年十月十八日，國民政府以大規模「清剿」任務基本完成，下令裁撤駐贛綏靖公署，綏署主任顧祝同調任軍事委員會委員長四川行營主任。在江西的各正規軍，絕大部分也先後調離，與紅軍游擊隊的作戰，此後主要由江西保安團隊擔任。

一九三七年抗日戰爭爆發後，項英、陳毅等執行抗日民族統一戰線的政策，下山與國民黨當局談判合作抗日。隨即，他們率領堅持贛粵邊、閩贛邊、皖浙贛邊、湘贛邊、湘鄂贛邊與南方其他地區游擊戰爭的紅軍游擊部隊，一道整編為國民革命軍新編第四軍，投入全民族抗戰的時代洪流。

三年游擊戰爭的堅持富有重要意義。它不但在初期吸引了幾十萬國民黨軍，有力地掩護和策應了中共中央領導機關和主力紅軍的戰略轉移，而且在其後三年的艱苦轉戰中，為中國革命和中華民族保存了一批骨幹力量，鍛鍊出一支堅強的革命武裝，如同經過長征的紅軍發展為強大的八路軍一樣，這支武裝在全面抗戰

---

120 《湘鄂贛邊區剿匪軍預備縱隊剿匪實紀》，1935 年。原件存江西省檔案館。

爆發後，匯合成為馳騁大江南北的新四軍[121]，繼續投身於中華民族和中國人民的解放事業。

第五節 ▶ 江西革命鬥爭的歷史意義

中共領導的以中央革命根據地為大本營的土地革命鬥爭，在近代中國社會改造和發展的進程中，具有重要的歷史意義。

第一，江西革命根據地的創建和土地革命的開展，是中國共產黨在農村地區領導的一場社會更新運動。根本變革半殖民地半封建的社會形態，解放和發展生產力，建立新中國，是近代以來先進的中國人長期奮鬥的目標。中共領導的土地革命，至少在三個方面將這個進程推向新階段：一是以馬克思列寧主義的社會革命理論為指導，開闢了農村包圍城市、武裝奪取政權的中國革命道路；二是創建了工農民主政權，確立了工農群眾在社會革命中的動力地位，廣泛地動員了人民群眾，為中國革命提供了不竭的力量源泉；三是堅決變革封建土地所有制及依附其上的所有社會舊制，促成了革命根據地範圍內一切現存社會關係的革命轉化。因此，儘管它僅是階段性和區域性的運動，但就其目標和實質而言，卻初步展示了中共在江西土地上改造社會的思考和探索，構成了中國歷史發展的一段特殊行程。

---

121 閻泵堂主編《南方三年游擊戰爭史》，解放軍出版社 1997 年版，第 11 頁。

　　第二，中華蘇維埃共和國，可以說是中華人民共和國的「雛形」，與新中國之間具有血脈相連的關係。正如一些著名學者所指出，要把中華蘇維埃共和國放到歷史的長河中去考察，雖然它在政策上確實存在嚴重的「左」傾錯誤，但它所堅持的勞動人民翻身做主人、反帝反封建以及在國體、政體、國民經濟構成、階級分析、社會改革等重大原則問題上的一系列正確主張，它在土地革命中所起的合法中樞的指揮作用，及其在此過程中初步積累起管理國家的經驗，培養出一批治國安邦的人才，形成的一種優良傳統，都說明它的「歷史性功績應該是第一位的，它的錯誤是第二位的」[122]。有這樣一個統計很能說明問題：中華蘇維埃共和國的兩屆中央執行委員，包括了中共當年在全國各地的幾乎所有的領袖人物；中共第一、二代領導集體成員毛澤東、周恩來、劉少奇、朱德、張聞天、任弼時、鄧小平、陳雲、葉劍英、胡耀邦、楊尚昆等，當年都是在中央革命根據地叱吒風雲的主要或重要領導人；新中國成立後擔任從國家主席到省部級職務的黨政軍領導幹部，有一百四十多人當年在江西革命根據地工作和生活；一九六六年前授銜的人民軍隊將領，十位元帥中的九位（朱德、彭德懷、葉劍英、聶榮臻、劉伯承、羅榮桓、陳毅、賀龍、林彪），十位大將中的七位（陳賡、粟裕、張雲逸、蕭勁光、羅瑞卿、黃克誠、譚政），以及百分之六十一點四的上將、百分之五

---

122 金沖及：《中華蘇維埃共和國的歷史地位》，《黨史文苑》2000 年增刊《中華蘇維埃共和國與新中國五十年論文專輯》，第 5-8 頁。

十九點三的中將、百分之三十二點三的少將，曾在江西這塊紅土地上歷練成長。

　　第三，中共在江西革命根據地的實踐和經驗，不論是積極的成果還是深刻的教訓，都為中國歷史的未來發展提供了富有價值的思想財富和經驗借鑑。客觀地看，革命根據地的鬥爭留下了許多富有創造性的成果和經驗。在理論上，提出了革命前農村社會結構和社會性質的封建性問題，農民在政治上受壓迫、經濟上受剝削的現實和原因問題，中國革命的對象、動力、道路、當前目標和未來方向問題，等等，簡言之，即建立和如何建立一個新社會的問題。中共關於這些理論的思考及其實踐，構成了中國新民主主義社會革命理論體系中的重要內容。在實踐上，初步進行了對革命根據地內農村社會的改造，不但嘗試建立了一種全新的社會秩序，部分改變了農村的社會關係和農民的生存狀況，而且在社會和人民中提倡了一系列全新的思想觀念，諸如人民當家作主思想、社會平等意識、公平觀念、創造精神、婚姻自由和保護兒童原則、文明衛生觀念、嚴禁煙賭嫖盜和反對封建迷信等等，這些精神和原則具有久遠的社會價值。農民在革命根據地鬥爭中出現的變化和顯示的才能，革命根據地文化教育的政策和成績，就是與中共持不同政見的人們也為之感嘆和讚佩。土地革命鬥爭的理論和實踐的成果，在當時，轉化成了支持中國革命行進的動力；在其後，為抗日民主根據地、解放區和中華人民共和國所傳承，不斷得到豐富和發展。

　　土地革命鬥爭中當然也存在深刻的矛盾和教訓，這主要表現在社會模式和社會政策兩個方面。土地革命是在蘇維埃社會模式

下進行的。在沒有現成經驗而社會革命成為當務之急時，蘇維埃模式的引用固然有其歷史的合理性，但也應承認，它不是新民主主義性質的政權與社會模式，與中國社會的實際或者說中國革命的客觀要求並不大適應。反映到社會政策上，也就必然產生矛盾和錯誤。毛澤東在總結江西鬥爭歷史時指出，對於在蘇區政權管轄下一切帶資本主義性的社會階層，沒有採取不同的政策；對於農民和城市下層小資產階級以外的一切社會成分，執行了所謂「一切鬥爭」的政策；後期在土地政策方面，否定前、中期也分配給地主一份和農民同樣的土地使他們從事耕種，以免流離失所或上山為匪破壞社會秩序的正確政策等，都「是錯誤的」[123]。至於實踐方面，也有浮躁過激、強迫命令（如強制性燒菩薩剪頭髮和對信迷信群眾的過重處罰）、斷然否定歷史聯繫等問題。一九三五年始，中共適應抗日鬥爭的任務和形勢，對蘇區的政權和社會模式連續進行審察，先後作出了改變蘇維埃共和國模式、「取消蘇維埃制度」的重大決策[124]。抗戰時期，又對十年土地革命的經驗進行了認真的總結，將其作為「最好的和最切近的參考」，促成了思想理論和實踐的重大進步。在中國革命取得勝利的諸因素中，無疑既有對土地革命經驗的繼承和發揮，也有對那時教訓曲折的吸取和鑒戒。

123 《毛澤東選集》，第 3 卷，人民出版社 1991 年版，第 792 頁。
124 《中央關於西安事變和平解決之意義及中央致國民黨三中全會電宣傳解釋大綱》（1937 年 2 月 15 日），中央檔案館編《中共中央文件選集（1936-1938）》第 10 冊，中共中央黨校出版社 1985 年版，第 138 頁。

第四，江西鬥爭的影響遠遠超出了革命根據地的範圍，加深了南京國民政府和各界人士對社會現狀尤其是農村農民問題的關注。南京政府自然反對土地革命，但這場運動對國民黨中央和地方當局的直接間接影響卻無法否定。這主要是，儘管在紅軍長征後，恢復了地主階級的統治和地主土地所有權，還鄉地主劣紳在鄉村進行了殘酷的報復和掠奪，但國民政府對農村農民的認識和政策較之以前也不得不有所變化。例如，承認「近年農村破產，民生凋敝已極」[125]，及農民對國民黨的期望「漸見其淡薄」的現實，因此在恢復原革命地區的舊秩序時，對農民的要求不得不有所顧及，對地主階級也有所限制，如表示要矯正「耕農與地主之對立」的「弊失」[126]，規定地主占田不得超過二百畝，放債年利率不得超過一分二釐，直接授予佃農一定量的土地，還搞了一點農村合作、貸款、救濟之類活動。這些措施的作用固然不能誇大（有的並未落實），但也不能完全否定。更為明顯的是，土地革命進一步促進了國內各派各界乃至世界人士對農村農民問題的關注，更多的人發出了對農村農民問題嚴重性的呼籲。他們認為土地革命興起之區「大都是業佃關係惡劣的地方」，指斥地主階級的殘酷的地租和高利貸剝削，痛罵各級各層貪官污吏對農民的慘烈宰割，要求整肅「無官不貪」的紊亂政治和土豪劣紳這類「無

125 孔祥熙：《在第二屆全國財政會議上的閉幕詞》，1934 年 5 月 27 日。
126 中國國民黨五屆一中全會：《關於今後黨務工作綱領案》，1935 年 12 月 7 日。

形之匪」，救助農村和農民。甚至國際聯盟農業專家在江西考察時也指出，地主土地所有制是農業危機和群眾不滿的核心。因此，許多明智人士形成瞭解決農民問題是「解決中國整個社會問題的根本關鍵」的共識[127]，並進一步提出瞭解決土地問題的主張。當時，這種主張大體有三類：一是乘紅軍撤出、土地所有權變動不定之機，將土地一律收歸國有；二是由各省政府發行公債收買土地；三是國家出錢收買，分給人民耕種。這些主張最終被國民黨當局視為「偏於理想，無補實際」不予採納，但國民黨退台後卻正是通過發給地主債券和股票徵收土地而解決土地問題的。顯然，這些有感於土地革命而發的見解，客觀上有利於農村和中國社會的改造，是具有積極因素的。

127 《抗戰前十年之中國》（一），台北文海出版社，第406頁。

江西文庫 A0701A32

江西通史：民國卷　第二冊

主　　編	鍾啟煌
作　　者	何友良
責任編輯	楊家瑜

發 行 人	陳滿銘
總 經 理	梁錦興
總 編 輯	陳滿銘
副總編輯	張晏瑞

編 輯 所	萬卷樓圖書股份有限公司
排　　版	菩薩蠻數位文化有限公司
印　　刷	百通科技股份有限公司
封面設計	菩薩蠻數位文化有限公司

出　　版　昌明文化有限公司

桃園市龜山區中原街 32 號

電話 (02)23216565

發　　行　萬卷樓圖書股份有限公司

臺北市羅斯福路二段 41 號 6 樓之 3

電話 (02)23216565

傳真 (02)23218698

電郵 SERVICE@WANJUAN.COM.TW

大陸經銷　廈門外圖臺灣書店有限公司

　　電郵 JKB188@188.COM

ISBN 978-986-496-197-9

2018 年 1 月初版

定價：新臺幣 300 元

如何購買本書：

1. 轉帳購書，請透過以下帳戶

　合作金庫銀行　古亭分行

　戶名：萬卷樓圖書股份有限公司

　帳號：0877717092596

2. 網路購書，請透過萬卷樓網站

　網址 WWW.WANJUAN.COM.TW

大量購書，請直接聯繫我們，將有專人為您

服務。客服：(02)23216565 分機 610

如有缺頁、破損或裝訂錯誤，請寄回更換

國家圖書館出版品預行編目資料

江西通史 民國卷 / 鍾啟煌主編.-- 初版. --
桃園市 ： 昌明文化出版 ；臺北市 ： 萬卷樓
發行, 2018.01

　　冊 ；　公分

ISBN 978-986-496-197-9 (第二冊 ： 平裝). --

1.歷史 2.江西省

672.41　　　　　　　　　　　107001903